U0125809

沙因谦逊
领导力丛书

恰到好处的帮助

的

帮助

HELPING

How to Offer, Give,
and Receive Help

[美]
埃德加·沙因
(Edgar H. Schein)
著

李艳 王欣 译

机械工业出版社
CHINA MACHINE PRESS

图书在版编目（CIP）数据

恰到好处的帮助 /（美）埃德加·沙因（Edgar H. Schein）著；李艳，王欣译 . —北京：机械工业出版社，2024.3

书名原文：Helping: How to Offer, Give, and Receive Help

ISBN 978-7-111-75016-1

I. ①恰… 　II. ①埃… ②李… ③王… 　III. ①人间关系 – 通俗读物

IV. ① C912.1-49

中国国家版本馆 CIP 数据核字（2024）第 032648 号

机械工业出版社（北京市百万庄大街 22 号　邮政编码 100037）

策划编辑：李文静　　　　　　　责任编辑：李文静
责任校对：贾海霞　　陈立辉　　责任印制：郜　敏
三河市宏达印刷有限公司印刷
2024 年 4 月第 1 版第 1 次印刷
147mm × 210mm · 7.625 印张 · 3 插页 · 118 千字
标准书号：ISBN 978-7-111-75016-1
定价：79.00 元

电话服务　　　　　　　　　网络服务

客服电话：010-88361066　机　工　官　网：www.cmpbook.com
　　　　　010-88379833　机　工　官　博：weibo.com/cmp1952
　　　　　010-68326294　金　书　网：www.golden-book.com
封底无防伪标均为盗版　机工教育服务网：www.cmpedu.com

目录

推荐序（杨斌）

译者序（李艳）

序言

第 1 章　何为帮助：有效的帮助与无效的帮助 | 001

帮助的多重含义 | 006
"日常的帮助"和"专业的帮助" | 009
助人是一个社交过程 | 012

第 2 章　人际关系的本质：帮助的经济性和戏剧性 | 015

社交经济：维护社交秩序 | 020
亲密关系和信任 | 024
社交剧场 | 029
结论和启示 | 038

第 3 章　帮助关系中的社交不平等性及角色模糊性 | 041

寻求帮助意味着"处于下风" | 043
被求助者"自恃高明" | 046
受助者的五大陷阱 | 050

助人者的六大陷阱 | 055

建立帮助关系的意义 | 063

总结 | 065

第 4 章　帮助过程中的三种角色：助人的剧场效应 | 067

助人者在初期不知道的五个问题 | 069

受助者在初期不知道的五个问题 | 071

选择角色 | 075

总结和结论 | 088

第 5 章　建立和维护帮助关系的钥匙：谦逊的问讯 | 091

问讯的方式 | 096

单纯式问讯 | 096

诊断式问讯 | 099

设问式问讯 | 104

转换式问讯 | 106

各问讯方式适用的场景 | 107

选择建设性时机 | 109

把握与情境相符的分寸 | 111

总结和结论 | 114

第 6 章　问讯过程的应用 | 117

案例 6-1　日常生活中的一对一帮助 | 119

案例 6-2　一个平常的提问的意外效果 | 124

案例 6-3　转换至设问式问讯 | 125

案例 6-4　帮助同事成为一个更好的助人者 | 127

案例 6-5　出院时毫无意义的帮助 | 135

案例 6-6　长期照顾关系中不间断的帮助行为 | 136

总结 | 142

第 7 章　团队合作是持久的互助行为｜143

　　如何达成团队合作｜147

　　任务中的突发事件决定互助的类型｜154

　　任务对相互协作的要求｜156

　　给予反馈是最基本的帮助行为｜159

　　不能面对面沟通的团队｜167

　　总结｜169

第 8 章　帮助领导者和组织｜173

　　谁是受助者｜174

　　组织文化与领导力｜177

　　接受帮助是领导力的体现｜179

　　组织变革中的助人者｜186

　　组织咨询中的助人者｜189

　　总结和结论｜191

第 9 章　帮助与受助的原则和技巧｜195

　　做好帮助他人的准备｜196

　　做好接受帮助的准备｜198

　　结语｜211

致谢　/212

参考文献　/213

赞誉　/215

推荐序
帮助之道

英文中的 help，是个简单朴素的四字母单词，就像 love 一样，其意思貌似简明，谁都以为自己再了解不过，任何解释、研究纯属多余，更不必大费周章去专门省思和练习，这实则谬矣。love 也好，lead 也罢，若干"四字哥哥"已经证明了，司空见惯才不意味着人人都明白、都会，反倒是错拿耳熟当擅长，俯拾即是就以为能手到擒来，才真误人误事不浅。

很多文化都赋予了帮助行为以某种天然的正当性、高尚性，而将帮助产生的低效、无效甚至意想不到的糟糕后果尽数栽在受助者的头上。还有不少传统暗含着对于接受帮助的警惕和不情愿，把无须受助、无意受助与无缘受助混为一谈。更多的情形则是，人们觉得帮助的两方生来就具备帮助与受助的本领和本能，而全然不顾如此多的人对帮助之道其实相当懵懂无感且自以为是。

以帮助而言，"帮你是为我满足"与"助人成就彼此"

表面有些微差异，内里却有天壤之别。帮助，帮助，多少关系强暴，假汝之名以行。而以受助来看，自尊心与领地感在受助的过程中影响着平等与信任的建立，不安全感的缠绕与情感账户的负债预期也让双方对融合多有顾忌。长期以来，人们在帮助的过程中，跟着感觉走，看运气收获，其中所涉及的心理动态过程和人际关系本质，一直是混混沌沌的"灰箱"乃至"黑箱"。

对有效帮助的研究为什么会长期缺位，其原因，一是唯恐一不小心就陷入"你这是高尚情感庸俗化"或"你这是真诚互动技术化"的批评乃至道德指摘中，二是没有打通作为不同角色的人在不同场景的帮助过程中的普遍共性——不少研究集中于咨询顾问、心理治疗等正式专业服务中的帮助，但是对于作为日常人际交往中随处可见的帮助，却因为其非正式、成果隐性、样貌多变而缺少足够的重视与揭示。

这让沙因教授这本针对通用性帮助理论而深入浅出写作的新经典，具有填补空白的意义和历久弥新的价值。选择针对普通大众读者而非学术界和专业咨询人士的娓娓道来、好读有感的写作风格，就有了自觉践行帮助之道的风范。相信很多读者阅读时，会不时地有一种感受，就是沙因教授把我们心里一直有的某种直觉，自己通过经验教训进行复盘后形成的一些小结，以非常条理化、系统性的方式，抽丝剥茧地给说明白了。这是沙因教授的魅力，正视房间里的大象，巧妙捅破那层窗户纸，帮我们戴上洞察人类行为的有效透镜。

虽然沙因教授的专业领域是组织管理，但本书给出的大量鲜活生动的例子来自企业组织之外的日常生活，特别是家庭成员之间的很多互动，读着就不断有共鸣。亲密关系中的伴侣，饱含爱意的亲子，为什么在一次次的互助中，演变成为"看来容易却难以入戏的角色"，走向抵触、憎恨与试图逃离？很多时候，我们的心里是否也常有"我这都是为了你好""你怎么就这么不识好人心呢？""为什么你总是享受帮助而不想着回馈？""什么帮我，不过是你显摆（或控制）"之类的潜台词呢？回想一下，有没有哪些"好心帮倒忙"的经历？

沙因教授说，这些生活中的看似"鸡毛蒜皮的小事"，也许就需要个举手之劳或者 5 秒钟的口头交流，及时做对了，是家庭融洽、关系健康的重要基础；忽视了或做错了，却会在家庭和关系中挖下一个个的坑——之后幸运的人可以靠着有效的觉知并付出更大力气去填补，有些人则难以挽回。这虽然不是一本专门针对家庭关系写作的读物，但是富含着指导我们处理亲密关系的实践智慧。

"无帮助，难成长"，以这句话来评价教育中帮助的巨大价值应该是不过分的。沙因教授用一章的篇幅从帮助的视角来重新定义团队，我们同样可以从帮助的视角来深入剖析课内外教学与指导过程中的师生关系，研究生教育中的导学关系，大学生活当中的辅导与被辅导关系，以及组织"传帮带"机制中的朋辈同侪、前后辈关系。

　　助人成长，是一项负有很大责任的工作，也是一个"良心活儿"。要干好这个良心活儿，不光得有满怀善心暖意、积极主动投入，更得练好"帮助"这个基本功，让自己的帮助达至专业水准——不仅愿助，而且善助。特别推荐本书给被人们以"老师"称呼、担着"顾问"责任、给予的指导常有长远影响的助人者，我们要从读这本书做起，修好（补好）"帮助之道"这门基础课。

　　求助与受助，则是更多的人，尤其是学生、年轻人、挑战者和创新者，应该想得更清楚、做得更主动的另一个方面。"助人为乐"是我们小时候就经常听到的赞誉，而把握求助价值、勇于且善于求助、得体有效受助、迁移传递帮助，却是我们从小到大重视不够、培养不足的本事。求助可开启人际关系的很多新窗户，"帮助"助人者收获更多的自我实现，也可让知识和帮助在社群中得以更快速地流动——

求助更坦然，帮助更谦逊，受助更得体，互助更持续。

　　磨刀不误砍柴工。对于人生中许许多多的场景，"帮助"这把刀，我们磨得都还不太够，或者压根儿就没磨过。并不必要再开一门叫作"帮助学"的专业课来，需要的是，以本书所呈现的帮助之道的分析框架和行动建议，将自己鲜活的生活带入，在实干中习得，在磨砺中提升。

　　帮助之道，越早学习，越善实践，帮助越大。

杨斌　教授

清华大学经济管理学院领导力研究中心主任

译者序

在翻译本书的一天，我偶然看到一篇文章中一名学生问了著名的人类学家玛格丽特·米德一个问题：到底什么是人类文明最初的标志？很多学生猜想的答案是鱼钩、石器、火等，然而米德的回答超乎所有人的意料，她说人类文明最初的标志是我们发现的"一块折断之后又愈合的股骨"。

米德进一步解释说，股骨骨折在动物界是一件极其危险的事，如果动物摔断大腿，这其实意味着死亡，因为这个动物无法逃避危险，不能去河边喝水或狩猎食物，它很快会被四处游荡的野兽吃掉。我们发现的人类愈合的股骨，则表明有人花了很长时间来照顾受伤的人——处理伤口，提供食物，保护他不受攻击。最后，米德意味深长地总结说：**帮助困境中的人才是文明的起点。**

这段文字令我感动且震撼，我因此更加理解了沙因教授在书中所说的"助人是人类最基本的相处之道"，我为能有机会将此书介绍给国内读者而深感荣幸。

在我们每个人的经历中，总有帮助他人、接受他人帮助的事情。有很多帮助，诸如来自父母、爱人、朋友的帮助都被当作"理所当然"，只有在失去时，我们才会扼腕叹息或追悔莫及。对于一些"好心"的帮助，我们有时避之不及，要么困惑于并不是自己想要的却"盛情难却"，要么担心"承受不起"或"无以为报"。而我们在给予他人帮助后，会发现"帮不上忙"或者"帮倒忙"的情况时有发生，还不时会因为帮助他人后没有得到认可或者感谢而心中不悦。

"帮助"，看似一个简单的概念，对我们的生活和人际关系的影响却是极其深刻的，沙因教授在书中所论述的帮助的经济性和戏剧性很好地解释了上述现象背后的人际交往的底层逻辑和造成问题的原因，令人深有感触。

帮助关系中的社交不平等性及角色模糊性是在翻译过程中引发我很多反思的两个概念。一次，我的一位好友就他的企业市场拓展方案向我寻求建议，我不假思索地基于自己的经验，基于对他研发产品的些许认知，侃侃而谈地提出了自己的建议。过了两个多月，他又来问我同样的问题，我的内心有些不悦，顺口说："早告诉你了，你怎么不做？"朋友笑着说了几句后，说回去再好好想想。在随后的一个月里，我在英国参加了高管教练的学习，学习第一个模块时我忽然明白了自己的问题，回来后主动联系了那位好友，认真地询问他的组织情况与他对业务发展的设想和顾虑，"意外地"发现了其问题的本质究竟是什么。好友高兴地一拍大腿，兴奋无比，立刻做出行动计划，回去组织团队实施，效果很快便显现出来。过了一段时间后，我问他最初我提供的建议是否有明显的问题，他答道："你说的都对，可是对我不适合。"可见，助人者很容易落入本书所说的"陷阱"，从而影响帮助的有效性。在翻译此书时，我不断地看到了自己的问题，看到了我们经常掉入的助人者和受助者的各种陷阱，唏嘘不已。

　　无论是作为助人者为他人提供帮助，还是因请求他人帮助成为受助者，某人在其中的有意识或无意识的内心活动往往会反映出其如何看待自我价值，而这会影响其看待他人的视角。因此，观察某人在帮助关系中的表现，有助于了解这个人内心世界的需求。中国文化强调"有求必应"，这反映了我们的文化中含有对他人关心、关爱的价值观。但究其深意，每个人对"应"的理解会大有不同，由此引发的结果也会迥然不同。一些人会先把"应"的优先级放在立即关注和响应的过程层面，然后客观评价自己的能力，量力而行地选定合适的帮助方式，并进行真诚的沟通，给自己和他人都创造舒服的空间——我们会在很多年轻人身上看到这种情况，这种处事方式渗透了他们的日常交往。另外一些人，无论是作为助人者还是受助者，把"应"放在只以结果来衡量的层面上；"帮上忙了"似乎会皆大欢喜；若结果不好，一方可能会自责，而另一方可能会抱怨，由此"帮助"反而会对双方的人际关系造成损害。我们在控制欲较强的父母身上看到更多的往往是第二种情况，尤其是在他们与处于青春期的孩子沟通相处时，这种"冲突"随处可见。事实上，夫妻之间、家人之间、朋友之间对于帮助他人的限度的争论也大多源于对"应"的理解的差异，其背后是每个人心智的差异。新闻经常报道的老年人在理财、保健品购买等方面的被骗案例，折射出老年人需要子女关爱的需求没有被恰当地"响应"，从而给了心术不正之人可乘之机。沙因教授在书中强调的帮助过程背后的动因，有助于我们从帮助关系的角度更深地理解自己和他人——这也是很多教练感慨"为他人提供服务的时候，带来的是自己的成长"的原因。

沙因教授在书中对帮助关系在组织中的运用和复杂性进行了深入的论述，涉及领导力、打造高效团队以及管理组织变革。因为之前的职业经历，我对此颇有感触——其对提供咨询服务的专业人士为何会经常"走麦城"的分析论述，和我之前作为客户所得到的体验"如出一辙"。

在我作为职业经理人的职业生涯中，有两次与全球顶尖的咨询公司合作来推动业务和组织变革的经历。A 公司的合伙人经验丰富，从一开始就和我们的团队打成一片，最后的项目结果充分听取了我们的意见，当然后续落实也就变得"步步为营"，很多年之后我们还是不错的朋友。而 B 公司的项目主管从一开始就给人一种格格不入、高高在上的感觉，项目过程中团队的反弹比较大，项目的结果可想而知。这两次经历，让我在准备为企业提供咨询服务之际读到沙因教授的《麻省理工斯隆商学院过程咨询课 Ⅱ》这本书时，产生了深深的认同感，于是下定决心和伙伴们一起践行通过"教练 + 专家"的方式支持并帮助企业实现变革与突破。在实践的过程中，我们多次感受到具有各领域丰富经验的合伙人在面对客户时，很容易会立即进入"专家角色"，而正是在一次次这样的觉察和不停转换中，我们看到了客户团队自身的不断进步和成长。给客户团队成员带来自信心提升的同时，我们在不断进步。我们经常反思和论证的一个问题是：我们的项目交付过程是在支持客户构建自身的能力还是只是得出一个看似完美的方案？有意思的是，对自己团队有自信且注重企业长期价值的领导者和团队会更加喜欢前者。在合作的过程中，我们会对这样的客户坚持"示人以真"，不再被"专家的帽子"所束缚，这不仅会让彼此产生高度的信任感，而且"问"和"学"相辅相成会使双方都有很多收获——在共创价值的同时，双方度过了一段愉快的旅程。在翻译此书的过程中，我有机会更加深入思考和反思为客户服务的过程与经历，从而更加坚定了我们的方向，这算是另一个不小的收获。在此，我祝愿为企业提供服务的律师、教练、各种咨询师能够从本书中发现属于自己的珍宝。

沙因教授集几十年的教学和服务经验，遵从"大道至简"的原则，"力出一孔"于"详解帮助"这个人际交往的基石。书中引用了不同学者的大量研究成果，我在翻译过程中尽量追根溯源，希望能够呈现正确的解读，但恐才疏学浅，仍会有理解偏差，欢迎读者指正，这其实也是一次以文会友的帮助过程。

王欣先生不仅是我翻译此书的推荐者，也是翻译过程中我的优秀"助人者"，他多年的管理经验以及理论研究的基础为我提供了强大的支持，他的鼓励和实质性的帮助让整个工作过程充满了力量和乐趣。感谢机械工业出版社的信任和支持，策划编辑老师的帮助平等而温和，在很多关键词语、定义的讨论中，她给我带来了非常有益的启发，在此一并感谢。

李艳

序　言

　　助人是人类最基本的相处之道，可以体现为母亲哺育婴儿，可以体现为恋人、朋友或者配偶帮我们一个忙，可以体现为一位小组成员为集体的成功尽其所能，可以体现为心理咨询师疗愈患者，还可以体现为企业咨询顾问或者教练帮助企业中的个人和团队提升能力或者帮助组织提升能力。**助人**蕴含着让我们推动事情向前发展的基本人际关系。在日常生活中，我们往往视所获得的帮助都是那么理所应当。在某个场景中，如果不是感到"没人帮忙"，我们往往意识不到原来自己一直依赖**他人的帮助**，只是习以为常了。然而，尽管帮助在我们的生活中无处不在，但矛盾的是我们对帮助关系中情绪层面的互动过程知之甚少。

　　很多书都详细阐述了心理治疗师、社会工作者以及其他提供专业服务的人员应该如何为他人提供有效帮助，但是很少能讲清楚当"我"想帮助朋友却被对方断然拒绝时到底出了什么问题——"我"做错了什么？一位拯救了落水者的好心人，怎么能因为在拯救过程中让对方肩部脱臼了而被起诉呢？为什么有那么多的企业咨询报告最终都变成了一堆废纸？医生经常抱怨患者不遵医嘱按时服药，其背后的原因又是什么呢？

无论是凭借直觉还是专业经验，我们都会领悟到，只有当助人者与受助者（client，我用来称呼接受他人帮助的个体或者群体）之间建立起一定程度的**理解**和**信任**时，帮助才会产生好的效果。当他人请求帮助时，助人者需要"理解"应于何时给予帮助、提供何种帮助最为恰当。"信任"则意味着受助者愿意敞开心扉揭示真正的问题，从内心认可助人者的帮助，意味着双方经过沟通和交流后做出的任何决议，受助者都愿意义无反顾地去执行。

心理治疗方面的书都会用大量笔墨介绍如何与患者建立信任。然而，在日常助人与被助的过程中，该如何与他人建立信任，怎样确定他人是否可以信任，以及该如何维护信任关系等一系列问题，我们却都没有充分理解。尤其要指出的是，大部分需要帮助的情况都是突发的，事先往往没有任何征兆，而且时间紧迫。比如当配偶因今晚要和老板一起参加一个重要的会议让我们帮忙找一套合适的服装时，我们往往会立刻起身去找，而不会像心理咨询师遇到新客户那样，先仔细了解情况；当看到一位盲人要通过一个繁忙的路口时，我们往往会直接上去搀扶，却忽略了在帮助前应该先获得他的信任——在这样的情境中，盲人有时会甩开我们说"谢谢，我不需要"，留下我们愣在原地，搞不懂是自己冒犯了他，还是他就要毫无意义地冒这个险。我们怎样才能了解个中缘由呢？

通用性的助人理论必须能够涵盖**所有的场景**（包括像在街角给他人指路这样最简单的场景），并能甄别出在所有情境中有效的帮助与无效的帮助之间的差别，这样理论才有价值。要建构这样的理论，就要仔细分析实施帮助的过程都会涉及哪些人际关系，以及信任在其中的真正含义。

我们还必须从研究"人们之间的关系就是由社会地位决定的"这一主张入手，社会学称之为"情境礼节"。人们都希望自己获得的社会地位或者身份（无论高低贵贱）和自己内心的判断相吻合，从而在不同的情境下依此让自己举止得体。我们天生想要领先于他人，至少不能落下风，因而在所有的关系互动中都会去掂量自己的地位、身份的得失。一次成功的关系互动是指我们围绕目标审时度势，达成了想要的结果——这会带给我们成就感。如果所设立的目标可以让所有参与者都有成就感，它就是最理想的。

我们把有意识地想要帮助他人完成某项事务的情形称为帮助情境。帮助关系则是指我们在其中投入了时间、情感、想法及其他资源并期望有所回报（哪怕对方只是说声"谢谢"）的一种关系。一切顺利的话，帮助关系的双方都会感到很有满足感。遗憾的是，我们往往会搞砸"帮助"的过程，造成"双输"。其中的原因大多是以下几种：未能雪中送炭；在不需要帮助的时候不请自来；帮了倒忙；在需要持续帮助的时候半途而废。

　　在本书中，我着重分析了帮助关系中两个主体之间的互动过程，详细解释了建立信任对帮助关系的重要性，论述了要想做到急人之所需，潜在助人者必须做什么，受助者又应该做什么以推进这个过程。我越来越相信无论是何种帮助行为，小到为一个人指路，大到为一个组织中的客户提供教练服务，或者照顾生病的伴侣，其间人们的社交和心理动态变化过程是一样的。我因此使用了广泛的案例来进行解读，这些案例既有源于我的职业经历的，也有源于私人生活经验的。无论是就医还是学习网球，我多次扮演了受助者的角色。同时，我有着作为助人者的丰富经历，这体现在：我是丈夫，也是三个孩子的父亲、七个孩子的祖父；我教过很多学生，也为很多个人、企业和组织提供过咨询服务；我多年悉心照顾身患乳腺癌的妻子。通过观察和思考不同情境中的帮助行为的共性，我构建起了具有通用性的助人理论。

知识溯源和本书的构成

我写作本书采用的风格更倾向于短文风格而非学术论证风格。我在哈佛大学学习社会关系学时，有机会接触了大量的社会学和人类学方面的研究，而我一直认为在对社会现象进行人际交往和心理学分析时，这两门学科的学术原理没有被充分利用。特别值得一提的是，芝加哥大学研究的"符号互动论"[⊖]与对帮助的分析是非常契合的。这个理论最初是由库利（1922）提出的，米德（1934）、休斯（1958）和布鲁默（1971）都有所发展，之后欧文·戈夫曼（1959，1963，1967）的研究将其扩展到了新的范围，他对社会行为的微观分析具有深刻的洞见。1953～1956年，我在沃尔特·里德陆军研究所工作期间和戈夫曼有过密切的合作，当时他是研究所的顾问，之后我一直和我的社会学研究搭档约翰·范·马奈恩聚焦在此类课题的分析研究上（1979）。

⊖ 符号互动论（symbolic interactionism）又称象征互动论，是一种主张从互动着的个体所在的日常自然环境去研究人类群体生活的社会学和社会心理学理论。——译者注

我另一个强有力的洞见来自和国家培训实验室团队（Brad-ford，1974；Schein & Bennis，1965）几十年的合作，在此期间我负责敏感性研究团队，同时参加了缅因州伯特利学习实验室的规划。我个人在小组中收获颇丰，小组中的那一代学者对群体动力学以及领导力的研究影响深远。在此，我特别想对道格拉斯·麦格雷戈、李·布拉德福德、肯·贝恩、罗恩·利皮特、高登·利皮特、赫伯特·谢泼德、沃伦·本尼斯、杰克·吉布、克里斯·阿吉里斯、伊迪·西肖尔、查理·西肖尔、迪克·贝克哈德表达衷心的感谢。

身处这样的集体中，大家一起举办和参与了很多专注于研究人际互动过程的工作坊。通过聚焦过程并结合"符号互动论"，我确立了"过程咨询"（1969，1999）的咨询风格。通过思考多年的咨询实践，我认识到帮助行为不仅是贯穿企业咨询过程的重要组成部分，而且其本身也是值得认真研究的核心社交过程。

写作本书是一次将我们日常中司空见惯的经验进行抽象的实践活动。由于我不愿意把这次写作当成学术行为，便没有在书中罗列所有和助人相关的学术内容。相反地，我优先呈现了那些能够帮助读者深刻理解助人的概念和技巧的实践与发现。读者应该能够认识到，目前社会上对于提供帮助、教练服务以及咨询服务的分析大多聚焦于像脾气、性格之类的心理学因素，而在我看来，这些因素固然非常重要，但要真正理解像助人蕴含的人际关系之类的内容则必须从文化和社会学角度去探究。

幽默作家斯蒂芬·波特（1950，1951）基于多年对人际互动过程中社交准则的深刻理解，以玩笑的口吻在《打擦边球》(*Gamesmanship*) 和《胜人一筹》(*One-upmanship*) 这两本书中描述了主角可以怎样运用这些准则在表演中占上风，并且贬低另一方。尽管在书中，他所引用的案例是有明显的讽刺意味的，但是和我们经常从身边观察到的现象极其相似。这两本书的书名成为我们的常用语并不是偶然的现象，实际上这折射出对标榜社会地位的"繁文缛节"的普遍追求代表了我们的社会目标。

助人关乎一种特殊的人际关系，我们要注意其特殊性。在这一点上，我曾经受到埃伦·兰格的开创性著作［特别是《专念》(1989) 这本书］的有力激发。在这本书中，兰格探讨了戈夫曼在人际关系方面有效探索的内在内容。

我的基本观点（即社会生活的一部分是经济性的，另一部分是戏剧性的）是建立在长期的学术传统和哲学思想上的。尽管文化的共性并不多见，但是人类学家认为，所有的社会都是有阶层分别的，而所有的社交行为都必须遵循"礼尚往来"的准则。本书中关于助人的观察和论断虽然是由我个人做出的，但它们是以社会学和人类学为基础的。这些观察和论断，能够让我们通过理解社交互动以及助人在我们日常生活中所扮演的角色，加深对社会学和人类学的理解。

在第 1 章中，我总结分析了多种助人的方式来论证这一概念的广博性和深刻性。第 2 章重点展现了语言如何形象地反映出人际关系的经济性及戏剧性，这可帮助我们认清人类关系的一些基础要素。在第 3 章中，我将上述概念运用到帮助关系中，同时进一步指出所有人际关系在建立的初始阶段都是不平衡且模糊不清的。第 4 章阐述了三种不同的帮助角色，同时指出了建立帮助关系都应该从过程咨询开始。如何以谦逊的问讯方式建立帮助关系则是我在第 5 章中集中论述的要点，第 6 章给出了这方面的详细案例。我在第 7、8 章中重点讲述了帮助关系是如何给团队建设、领导力以及组织变革带来相关益处的。第 9 章对重要的概念进行了总结，同时为潜在助人者介绍了必要的技巧。

第 1 章

何为帮助

有效的帮助与无效的帮助

助人是一个复杂的社会现象。有的帮助是有效的，有的则相反。我写作此书意在澄清和分析两者之间的差别。多年来作为教授和咨询顾问的经历让我经常反思：到底什么样的帮助是有效的？为何有的帮助却适得其反？为什么有些班级的教学进展顺利，有些班级的则进度受阻？为什么教练方式和体验式学习会比正规化的培训讲课更有效果？在为企业提供咨询服务时，聚焦在程序正确上为何比聚焦在提供解决方案上的效果更好？为何关注事情是如何做的比关注做过什么效果更好？本书的写作目标就是帮助读者深入了解：在他人寻求或需要帮助时，怎样才能行之有效地施以援手；在自己需要帮助或他人伸出援手时，如何坦然接受。看似如此简单的两件事，要做好却实属不易。

先举个例子。一天，我的一位朋友因为和妻子之间出现了问题，让我提供一些建议。听了我给出的建议后，他愤愤地回复我说他之前尝试过这些建议，完全无效，而且暗示我太过麻木不仁才会想出这样的主意。这不禁让我想起了很多类似的无效的助人经历：无论是对方主动请求还是我主动请缨，结果都是不但没帮上忙还不欢而散。

然而，这也让我想起了一个有效的助人案例。一天，一位女士驾车路过我的房子，向我问路："我怎么能到马萨诸塞大道？"我先询问了她的最终目的地，在得知她要去波士顿市中心后，便告诉她顺着车头的方向沿着这条路一直开就可以了，不需要拐到马萨诸塞大道上。她再三感谢我没有顺着她询问的路线让她绕远。

围绕学习使用计算机这件事儿，我分别从助人者和受助者两个角色体会了最常见的无效的帮助。我每次给客服热线打电话求助时，接电话的客服人员为了能够搞清楚我需要什么帮助，经常会问很多我完全无法理解的诊断性问题。当我聘请的计算机老师给我讲述解决问题所需的几个步骤时，我却只想告诉他，"稍等一下，我还不明白第一步呢！"，我往往不知道该如何打断他。我后来聘请的另一名计算机老师恰恰是相反的例子，他会耐心地询问我为何要学习使用计算机，当得知我主要是用于写作时，他就给我演示了很多可以让写作更轻松的相关程序和工具，这令我非常开心！然而，当妻子询问我应如何使用计算机时，我出于惯性会告诉她我常用的方法，但实际上这些内容远超出她的需求和能力范围，结果自然是双方都很郁闷。

我也遇到过朋友、编辑、顾问、老师以及教练提供给我的建议和我的问题南辕北辙的情况，这种建议自然不能真的帮到我什么。既然是我有求于人，我便尽量小心翼翼地去应对这样的情况，但有时仍会引起助人者的不悦，他们会对我说他们只是想帮忙而已——这实则是指责我有问题，缺乏接受帮助的能力。

记得有一次，女儿让我帮她完成数学作业，于是我放下了手中的工作帮她解题，但做完题我发现她仍闷闷不乐，连"谢谢"都没说。我到底哪儿做错了呢？后来，女儿又让我帮她做功课，这次我提议："咱们先聊聊天儿吧。"结果，我发现她其实是想和我谈一下在学校里和同学交往中遇到的困难，根本和功课无关。我们的沟通对她非常有帮助，彼此都很开心。

医生、心理咨询师、社会工作者以及教练这些专业人士都有过"好心办坏事"的助人体验。作为一名咨询顾问和管理人员职业发展教练，我会和各种企业与组织的员工一起工作。我经常会对他们提出的问题给出解决方案，但是后来我发现，要么是我的建议没有起到应有的作用，要么是我的客户没有能力或者不愿意执行我的方案。我非常清楚地记得在我的咨询经历中，很多次我对会议中的不当行为进行了直接干预，当事人随即都表达了诚挚的谢意，但结果是他们的行为没有丝毫改变。

这种情况并非只会发生在一对一的情境中。集体努力和团队协作有赖于成员各司其职，完成共同的任务。说到高效团队，我们一般不会将其解读为一群知道如何相互帮助来完成某项任务的人组成的团队，然而，善于互相帮助恰恰是团队协作的真谛。很有趣的一点是，在团队合作关系中，往往只在"帮助"这个行为失效的时候人们才会听到"帮助"这个词，例如"你这么做没帮上忙"或者"你怎么不多帮一下"。

互助在运动队的团队氛围中是最显而易见的，得分队员的得分能力完全依赖于队友的传球和掩护——在橄榄球运动圈里有很多故事，讲述跑锋球员在赢球后邀请内锋球员一起吃晚餐以感谢他们在比赛中的支持。互助失效在橄榄球球赛中的体现主要就是四分卫在线后被擒抱或者跑锋球员在线后被拦截。

显而易见，我们会忽视很多提供帮助和接受帮助的过程。这个看上去稀松平常但是对人类生活至关重要的行为过程，实际上会在实施时屡屡碰壁，使帮助变成无效的行为。帮助行为的重要性和复杂性也正是我写作本书的前提：我对提供帮助和接受帮助的确切含义焦思苦虑，力图找到潜藏在这一行为过程中的心智、社交和文化的陷阱，并提供解决之道。上面的例子明确地说明了，帮助所涉及的范围远远超过我们期望从医生、律师、牧师以及社会工作者那里所获得的专业性帮助。那么，帮助到底都包含哪些具体内容呢？我们如何确保帮助发挥作用呢？

帮助的多重含义

助人是一个非常广博的概念，可以指骑士身着闪亮的盔甲，随时准备从巨龙口中救出少女；也可以指给企业和组织提供咨询服务，帮助其建立适应新战略的组织文化或提升业绩。从受助者的角度来看，提供帮助不仅仅意味着"有求必应"，还意味着在对方还没有意识到需要帮助时就主动施以援手。

生活中我们遇到过很多涉及提供帮助的场景，有的是在比较正式的场合中，有的则是在日常生活的场景中。下方列举了我们在生活中可能遇到的助人形式，涉及多种角色。值得进一步思考的是，提供帮助在各种各样的组织以及工作任务中是必然存在的，单从字面上就可明晰这一点：当我们说要"组织……"的时候，就说明光靠我们自己无法完成整个任务。当我们说雇用帮手时，并不仅限于仆人或者保姆——这句话同样适用于在组织中雇用雇员，让他们承担起某些我们自己做不了的工作。

- 陌生人给游客指路

- 父母帮孩子完成家庭作业

- 配偶给另一半提供晚会着装建议

- 护士辅助患者在病床上使用医用排便器

- 朋友在你忘词的时候给予提醒

- 客人在餐后主动收拾并清洗碗筷

- 老师给学生讲解概念

- 计算机专家耐心地一步一步指导你排查问题

- "911" [⊖] 热线和自杀救助热线的接线员救助有生命危险的人

- 孩子给朋友或者家长演示如何使用新手机或者玩视频游戏

- 教练向客户展示提升某些技能的方法

- 手术室的护士及时给医生递上正确的手术器械

- 掩护队员给跑锋创造可以顺利跑过的空间

- 高管教练指导经理如何领导下属

类似地，在工作中履行好自己的职责是我们帮助他人的常规方式。如果仔细思考一下上下级之间存在的矛盾或

⊖　美国通用的报警电话号码。——译者注

紧张关系，你就会发现，要么源于下属没有尽力去完成领导者交代的任务，要么源于在下属达成目标的过程中领导者没有提供足够的时间和资源——下属与他们的领导者之间对彼此该如何帮助存在不同的期望值。

下面是另一些助人的形式。

- 即兴喜剧表演者进行铺垫，让搭档抖包袱引人发笑
- 咨询师为失业者提供再就业和职业发展咨询
- 领导者给下属的工作提建议
- 生产线上的员工按时完成自己的组装任务，保证整个生产线的运转
- 护工护理患者
- 律师为客户提供有关离婚事宜的专业建议和指导
- 义工为家庭提供关于应对经济危机的建议
- 心理咨询师帮助客户克服行为和情感障碍
- 牧师引导教区教友去应对罪恶感、悲伤或焦虑
- 医生为患者诊病并开具处方
- 丧礼主持人帮助逝者家属料理丧事
- 咨询顾问帮助组织改善运营

为了进一步说明助人这个概念的广博性，我将能描述

它的众多词语列在下方。那些看似不同的助人过程是否存在共性？其中有没有我们需要理解的隐含的文化寓意，可以让助人者的帮助更有效，让受助者敢于提出请求并能很好地配合呢？帮助有很多种表现形式——物质上的资助、情感上的支持、提供信息、诊断真正的问题、提供忠告和建议，我们需要区分它们吗？它们有什么相似之处和不同之处呢？

■ 辅助	■ 赋能	■ 提供
■ 协助	■ 解释	■ 开处方
■ 忠告	■ 促进	■ 推荐
■ 照料	■ 给予	■ 展示
■ 催化	■ 引导	■ 掌舵
■ 教练	■ 处理	■ 提议
■ 管理咨询	■ 提升	■ 支持
■ 心理咨询	■ 指导	■ 教导
■ 为……而做	■ 关照	■ 说教

"日常的帮助"和"专业的帮助"

在日常生活中，帮助就是指人们让他人为自己解决一个问题，或者完成某项任务，或者减小某件事情的阻力。在有的需要提供帮助的情境中，受助者可以自主完成任务，但是他人的帮助无疑会让这个过程变得更轻松；而在有的情境中，受助者必须借助他人的力量才能解决问题，甚至要完全依靠他人（例如拯救落水者）。这样的帮助是相互合作、协同以及其他很多种利他行为的基础，我愿意将其称为"日常的帮助"。在所有的文化中，提供这样的帮助是约定俗成的，大家也毫不怀疑地认为这是一个文明社会的基础。这也可能和生物的遗传基因相关：在自然界其他物种的行为中，我们也可以观察到这种帮助的存在。我们会将助人作为人们的礼貌举止、文明行为准则以及伦理道德行为的一部分来看待。这种类型的帮助在生活中随处可见，大家都习以为常。需要注意的是，我们对别人的求助不能不予理睬，更不能对他人主动的帮助视而不见，都需要进行适当的回应，否则会造成彼此关系的裂痕，也会令当事人感到尴尬。

我们可以将比"日常的帮助"复杂一些的帮助称为"准专业帮助"，诸如维修人员上门修理家电设备，专业技工修理汽车、计算机和视听设备。在这些情形中，他们帮我们修好设备或提供服务，我们为之付费，较少涉及个人因素。

一般在这些情形中，作为客户的受助者和提供服务的助人者往往都会感到郁闷，比如客户希望新设备能像自己想象的那样简单易用，不想在学会使用诸如计算机之类的新鲜事物上花费过多时间。

"专业的帮助"则是指在遇到个人问题、健康问题以及情绪障碍时，我们所需要的医疗、法律援助和精神上的支持。能够提供这类支持的人一般都有相关的资格证书。当去寻求医生、律师、牧师、咨询师、义工、心理治疗师的建议时，我们都需要一对一的沟通。当我们作为企业管理者遇到公司治理问题或业绩下滑的时候，也会去请教各种专业的管理咨询师——需要对方有专业的技能，还会涉及诸如合同签署、时间表确定、费用及服务交付等比较正规的实施流程。尽管"日常的帮助"和"准专业帮助"在生活中更常见，但是大部分的分析和研究是聚焦在"专业的帮助"上的，因为如其不能有效实施，引发的后果和影响是比较大的。

"专业的帮助"一般会在较为正式的场合下进行，我们可以思考一下其与平时生活中的"日常的帮助"和"准专业帮助"的差别。通过研究那些经过正式培训和授权认证的助人者的作为，我们便可以确定哪些帮助是有效的，哪些帮助是无效的。我们是否可以借鉴其中的一些方法来提升我们日常的帮助能力呢？同理，通过仔细观察生活中"日常的帮助"以及"准专业帮助"中的互动行为，受过专业培训的助人者可以有哪些收获呢？

助人是一个社交过程

助人不是一个人的事情，所以我会着重思考和定义助人中的**关系问题**。聚焦于此时，我就要研究**所有**关系都包含哪些因素，什么样的关系才能称为**融洽的**关系，以及我们怎样才能彼此信赖，真诚地沟通。

所有的人与人之间的关系都受到文化准则的约束，文化准则让人们清楚地知晓该如何与他人相处，这样我们和他人的交往才能既使我们有安全感又能解决问题——我们会称对方知书达理、举止得体。得体的显性行为实际上是由其背后强大的社会规则体系掌控的，虽然有些准则会因情境不同而变化，但是每一种特定的文化中都有一套普适性的准则体系，如果有人违反，他就会受到他人的排斥和孤立。在人际交往的过程中，如果对方违反了这些准则，我们就会感到被冒犯、尴尬，或者对彼此关系的融洽性产生怀疑。同理，如果受助者感到对方没有帮上忙，或者助人者觉得对方在拒绝和忽略自己的帮助，就会使双方的信任遭到破坏，甚至会对双方造成伤害。

　　尽管助人关乎关系问题，但是我们日常提供、给予和接受的那些"准专业帮助"和"专业的帮助"往往是由一方先发起的，因而我们必须了解潜在助人者和潜在受助者是如何使最开始的接触发展成帮助行为的。当其中的一方决定要为他人提供帮助并采取行动或者其中一方决定请求他人帮助时，都会引发一段帮助关系：团队领导者召集大家一起开展团建活动，意在激发团队成员之间的互助行为；咨询顾问为管理者整合各个部门提供帮助，让它们能够彼此支持以实现共同的组织目标。有的时候，一个群体或者社团中的成员可能感到总体来说他们需要帮助，但是需要有人能清晰地描述需求，在需求获得大家认同后，才能真正开启理性的帮助过程。

　　因此，我们先要关注个人的想法是如何发展成一段关系的。我们对关系建立的互动过程了解得越多，就越能建立起有效的帮助关系。

　　在下一章中，我会重点论述掌控所有关系的根本准则是什么，以及这些准则可如何运用于建立有效的帮助关系。

后面，我还将论述帮助关系中的不平等性以及助人者与受助者之间角色的模糊性；在帮助过程中，当双方关系比较平衡且恰当时，助人者可以扮演哪些不同的角色；受助者与助人者怎样建立起融洽的关系；在受助者与助人者关系的演变过程中如何进行干预。

第 2 章
CHAPTER 2

人际关系的本质

帮助的经济性和戏剧性

　　我们在儿童时期就了解了两个基本的文化准则。第一个也是最重要的准则是，任意两个人之间的沟通都应是公平对等、互惠互利的，至少要看起来如此。我们必须遵从人际交往的经济准则，才能在人际交往的世界里立足并融入其中。孩子在收到他人的东西或礼物时，必须表达"谢谢您"——这就是符合准则的最简单的情境。在这里，表达感谢就是沟通中的回馈动作，既闭合了这个沟通过程，又保持了其公平性和对等性。同样地，我们会教导孩子在聆听他人讲话时要专心致志——他人分享的信息或者进行的指导是有价值的，我们要以全心投入（pay attention）来回馈。接下来，我们会领悟到，人们会默认人际交往都应该遵从"礼尚往来"的准则——破坏了它就会得罪他人，而且会弱化彼此的关系。

　　第二个基本的文化准则是"礼尚往来"——人与人之间所有关系的基础在很大程度上都建立在我们儿童时期学会的角色扮演上，角色扮演已经演变为我们的自动反应，但我们常常对此毫无觉察。在特定的情境中，我们需要适当地扮演好自己的角色，让角色恰到好处地符合情境的需要。当两个人谈话时，他们必须决定谁是演员（讲者），谁是观众（听者），角色可以随时互换，但是角色必须是互补的，这样社交互动才能持续下去。人际互动中的经济价值就是由第二个基本的文化准则决定的，即我们要依照特定情境的需要决定在当时扮演什么角色，并带来相应的价值。当我提高嗓音、故作姿态时，就是在暗示你我有要事想谈，于是构建了一个我是讲者而你是听者的场景。你因此就会很自然地把注意力转移过来，示意我你准备洗耳恭听，并且在心中默认我讲的事情对你来说会很重要。但如果谈话结果不尽如人意，你就会觉得我只是诚心吸引关注而已，浪费了你的时间，这会令你觉得丢了面子，因而感到愤怒。这意味着我就没有扮演好自己的角色。

　　我们每天的生活就是由一系列的特定情境构成的，这些情境决定了我们在其中该扮演的角色以及他人对我们的期待。例如，我们懂得遇到社会地位比我们高的人时要表示尊重，而与下属在一起的时候，我们很自然地会摆出领导者的姿态。就是这样，我们根据不同的情境调整自己的角色，并赋予其相应的价值。同样，我们也是如此评估他人的价值的。人际关系中的公平性和对等性并不意味着人们的实际社会地位都是相同的，而是指在特定的情境中，当事人的行为举止要符合情境所确定的角色和地位。每一位当事人的价值都是由情境的需要决定的：当我受邀作为演讲嘉宾出席一个大型会议时，我就要尽可能多地分享研究成果，为听众创造更多价值，而听众也会以更多的尊重来回报我；如果我是在会议后和其中的一些听众一起喝一杯，尽管我的社会地位仍然高于他们，但是所处的环境允许我可以不用那么正式，也不需要讲太多，而听众也可以更加放松地和我讨论问题。

通俗一点说，这里的价值就是我们常说的"面子"。在任何互动的情境中，沟通的双方都想挣面子，或者是根据礼尚往来的准则得到尊重——当其中一方所讲的内容对另一方有帮助时，听者就需要清晰地予以反馈或者给足对方想要的面子。当我说"我想给你讲个事情"时，我就是在宣称我觉得自己知道一些信息可能对你有用，那么接下来，你就应该先认真听，不要着急表达，而且要全心投入。在这里我又一次使用了"投入"（pay）这个词，意在强调我们在人际关系中的行为就是一种投资行为，这种行为可构建我们的社交资本，使我们以后遇到困难时可以得到他人的帮助。

如果我们对他人的讲话表现得漫不经心，或者是用其他方式让对方感到尴尬，就会让对方很没面子，也会让自己显得过于无礼或咄咄逼人——就是我们老话常说的：驳了别人的面子，也就丢了自己的脸。当然，我们也可以礼貌地接受他人的观点，遣词造句真诚反馈，彬彬有礼地呈现一种很高调的姿态，其背后的心思实际上是想让对方高看我们一眼。因此，人际交往要么是大家都有面子并达成一种微妙的平衡，要么是变成争夺地位的一场竞赛，即斯蒂芬·波特所讽刺的要"胜人一筹"（1951）。

　　情境中的角色和准则甚至会取代我们所秉承的正统的价值观，就像我们会教导小孩子不能撒谎，但是当碰到富态的邻居时，我们会告诉小孩子不能称呼人家为"胖叔叔""胖阿姨"。事实上，我们的成长伴随着不断地学习何时可以直言不讳，何时要用"外交辞令"，而何时又必须顾左右而言他——正是这种隐瞒或说谎的"技巧"破坏了人际交往中的互信关系。当我们说一个人具有诚信、表里如一、值得信赖时，根本上是指其无论在任何情境中担当何种角色时都可以保持言行一致，同时这彰显了其外在形象和内在价值观的一致性。

　　在日常生活中，我们是肩负多项职责的成年人，"长袖善舞"地扮演着生活中的各种角色，也早已习惯了自己的特定人设。我们能够审时度势，在自己或他人创造的各种情境中辗转腾挪，应对每天要面对的各种人际关系。正如我们将看到的，在助人的情境中，助人者和受助者参与其中时都有各自看重的面子，因而理解文化动因对二者而言就变得至关重要。帮助关系的演变不仅取决于受助者是否认可助人者提供的价值，还取决于助人者是否认可受助者带给他的价值，而具体到每一个情境中，帮助关系的演变实际上是由双方之间的信任度决定的。下面，让我们对这一动因进行更加具体的剖析。

社交经济：维护社交秩序

假使在所有的文化中，人们都是用公平对等和礼尚往来这两项准则来衡量关系中的各方带给他人的价值，那么体现这种价值交换的社交货币是什么呢？是爱，是关注，是对他人的认可、接纳、赞赏和帮助。从广义上来说，帮助实际上是在社会成员中流通的最重要的货币之一——人们把提供帮助当作表达爱与关心的一种重要方式。我们往往将日常的帮助视为理所当然，因此总会意识不到他人在提供帮助，就更谈不上去认可这种帮助了。只有在我们默认应该有的帮助缺位时，才会意识到它的存在，但又往往会对"责任人"产生负面情绪。由此我们可以想到，当他人求助时，我们要么是心甘情愿地提供帮助，要么是找出恰当的拒绝理由。同样地，如果一个人主动提供帮助，对方要么欣然接受，要么给出婉拒的理由。求助需要立即得到响应，帮助则值得真诚致谢。当我们给某人贴上"帮不上忙"的标签时，显然是在对其进行负面评价，这会影响其在社会群体中关乎个人可靠性的信誉。

我们通过自己的社会行为赋予自身及他人价值，价值的多寡取决于我们的底线与打算留多大的面子。何时应该给他人面子，何时要体现自身的价值，要遵循不成文的经济性准则，准则会因文化和情境的不同而变化。值得注意的是，我们日常生活中的语言毫无疑问地表明了社交是一种经济现象。

让我们来研究一下日常用语中的"经济性"。例如，投入精力、付出情感、还人情、给予赞扬、自己埋单等涉及"付出"。同时，我们的日常用语里有一部分和"卖"这个概念相关，比如自贬身价、兜售观点、被出卖，以及略带讽刺地说出"他今天葫芦里卖的是什么药？"。毋庸置疑，买和卖总是相伴而生的。你会愿意为一个美好的愿望而有所投入，却不会为不靠谱的想法埋单。还有很多词语是用来描述人们是如何获得和给予以及持续跟踪这个互动的过程的。你会要求得到应得的报酬，否则就会感到被克扣了。你期待他人的礼貌回应，而当你投入了全部的时间和精力没有得到应有的回报时，会觉得上当受骗了。即便交往中并未涉及金钱的往来，你也可以借力于他人来打听消息或者用其所长。关于社交的俗语比比皆是，像"以眼还眼，以牙还牙""不要生气，要报复""投我以桃，报之以李"。

　　面对每天琐碎的人际交往，我们可以很容易地发现贯穿其中的经济性，而且很多已经是约定俗成的了。当给乞讨者布施而他无动于衷时，我们便感觉自己被骗了或者是对方不懂感恩。此时，为了恢复社交平等感，我们要么会对自己或者同伴说"我这么做是因为我就是大方"（意在从心理上给自己找回更多价值），要么会愤愤而谈，"真是一个忘恩负义的可怜虫"（贬低对方的价值）。如果不这样平衡一下，我们就会一直有些许的不适感——我们最不愿意丢面子，或者用更概括的说法：我们的自尊是建立在他人持续不断的认同的基础上的，是在交往中通过自身的价值被他人接纳与认同来获得的。认同的形式既可以表现为他人全神贯注的表情，也可以表现为点头示意这类肢体语言。

　　交往双方不断共同强化、互相认同的过程反映了社会的本质。我们平常所说的优雅的举止或者礼仪，实际上反映了日常生活中的文化需要。如果我们身处一个新的文化环境中，不清楚表达感谢的准则时，往往会产生紧张感。同样，当我们的文化准则被破坏且对方不致歉时，我们就会感到羞辱或者被冒犯。一个人如果总是故意不给别人留面子，咄咄逼人，那么大家就会认为他太霸道，从而不愿和他交往。在极端情况下，如果某人总是破坏社交准则，我们就会认定他患有"精神病"，希望将其监禁。换句话说，如果我们无视社交准则，不能彼此赞赏，那么社会环境便会因充斥着个人主义至上、恶意竞争的行为而快速恶化，社会的焦虑感也会随之大幅提升。

要想更深地体会这些社交准则的强大作用，我们可以进行如下的社会学实验。下一次，当朋友或者伴侣给你讲述什么事情的时候，试着这样"锁定"你的行为——不要点头，面无表情，一言不发。不超过 10 秒钟（甚至 5 秒钟），对方一定会问你是否有问题，是否不舒服，是否在听，或者用其他方式提醒你他受不了你的行为。这意味着你已经破坏了社交准则，此时你需要给对方一个合理的解释或者是类似的道歉："哦，抱歉，我走神儿了。"不论这是不是真实情况，依照社交准则你都需要有一个类似的符合情理的解释，而千万不能用"我对你说的一点都不感兴趣"这样的话来回应。

在人际交往中，当两个人对于情境的界定不同时，就会造成"鸡同鸭讲"，从而引发焦虑、紧张、愤怒、不适、尴尬、羞愧或者自责等情绪。这时无论做什么，其中一方甚至双方都会觉得现状对自己不公平——"我找咨询师是想让他帮助我解决问题，可是他一直在自说自话，我根本没有机会说出我的困惑到底是什么"，或者"我付了这么多钱是想获得一些建议，但是咨询师就只是听，然后把我的问题又抛给我，这能有什么用呢？"。反之，当客户无视或者不愿意采纳咨询师的建议时，同样会引发咨询师的不快。只有当其中的一方或者双方能够看到分歧点并且及时地解释、道歉或者展现投桃报李的态度时，紧张的关系才会得到缓解。

亲密关系和信任

即使在准则非常清晰的情况下，我们的个人偏好仍会影响我们决定何时及怎样建立一段良好的关系，抑或暂时回避建立关系。大部分人是知道并能够遵守基本的社交准则的，但人们仍不免会有各自的选择或者偏好：一个愿意与他人共处或者擅于社交的人，更愿意去肯定别人的表达；一个有很强控制欲的人，总会与他人竞争，在所有关系中都想保持胜人一筹的姿态；喜欢特立独行的人则会干脆避开帮助他人的情境。然而，这些形色各异的行为并不会打破文化准则。更为重要的是，我们要知道这些准则左右着我们的意识和潜意识，是我们建立、深化以及检验人际关系的基石。当处在一段疏远的、人情味较淡的关系中时，我们只能彰显自己有限的价值，而在亲密的朋友关系或者配偶关系中，我们会想要充分表达自己的思想和感情，期待对方聆听并表达认同，从而体现巨大的自我价值。在一定程度上，我们建立各种亲密关系就是为了创造能够提升我们自尊感的情境，彰显更大的自我价值，同时得到他人的接纳和认可。

当要试探一段关系时，我们往往会高调地彰显自己的价值，观察对方的反应是否如我们所想。在这种情况下，我们一般都会以高姿态来介绍自己（"你好，我是来自麻省理工学院的沙因教授……"），或者透露一些私人的或重要的信息（"我今天真的感觉很不好……"或者"我刚刚从心理医生那里回来……"），然后观察对方是否对我们所言表示理解、同情与认同——这种认同往往会使对方也给我们透露他更为私人的事情。经过反反复复的这类试探与回应，最终，我们所说的亲密关系才会建立。

信任一个人就意味着我们可以选择"暴露"自己任何的想法、感受或者意愿，而对方都不会小看我们，不会让我们难堪或者打击我们表现出的自信。让我们来仔细观察一下，日常对话中这样的互动是如何进行的。我讲话时，你没有将注意力放在我身上，而是和另外一个人窃窃私语，或者恰好眼睛瞄向另一个对你感兴趣的人；你打哈欠，用"这个我已经知道了"来打断我，或者言语表现得很不耐烦——这些行为都会干扰人际关系的建立，会使我感到丢了面子，从而引发尴尬。如此一来，我就会认为你很粗鲁，不值得交往，日后也会尽量回避你。倘若换成另一种方式，你全神贯注地聆听，并表示非常感兴趣，你就可以和我建立互信关系——当你日后想表达什么的时候，也可以期待我会全神贯注地聆听作为回报。

当想强化或者弱化一段关系时，我们就会基于已经学到的知识和过往的经验来与对方进行互动。如果和某人在一起时总是感到不公平，我们就会为了避免不适感而远离他，并放弃这段关系。如果是因为工作或者其他的原因不得不与这样的人相处，我们就可以遵从文化中的另一些准则表现得彬彬有礼，敬而远之。我们都早已谙熟如何向对方传递若即若离的信号，更知道如何给出希望拉近关系的暗示。无论是上述哪种情况，公平对等准则都掌控着我们对这段关系的感受，影响着我们想要交往的深度。

　　我们可以将人际交往的深度定义为敢于展示自己并获得他人对我们自身价值认可的程度。如此说来，信任意味着我们在关系中可以保有自尊。在与他人深度交往时，我们无法忍受他人利用、忽视或者小看我们，或者以其他方式让我们感到自己不被认可。

　　当交谈情境对自己而言不公平的时候，我们会感到被冒犯了。在通常情况下，那意味着我们自身的价值没有获得认可，对方并不了解我们的情况或者意识不到我们之间的沟通有多重要（如同我们认为的那样）。为了避免这种情况发生，我们会小心谨慎地结交新朋友，极其关注双方的互动方式，不断确认其是否遵循了礼尚往来与公平对等的准则。社交中最安全的方式就是保持彬彬有礼的姿态，这也是国际性外交事务都非常注重礼仪的原因，因为各国都承受不起任何可能冒犯彼此的风险——社交礼仪可以有效地避免不必要的误会。然而，在有些情境中，人际交往则需遵从不同的准则。如果我遇到了一位老同事，但是因不记得他了而对他非常客气，他便可能因为我不记得他而生气，我则会因健忘而感到很尴尬。当为他人提供帮助后，我们会期待对方有所回馈：要么是接受了我们的帮助，在事后恰当地表达了感激之情；要么是虽拒绝了我们的好意，但立即表达了谢意。如果对方不声不响地走开，就会令人感觉很不好。反之，当他人帮我们忙时，我们就该要么满怀感激地接受，要么立刻拒绝并礼貌地表达感谢，同时给出恰当的解释。无论是在上述哪种情形中，对于他人提供帮助的意愿，（潜在）受助者都要立刻做出回应。我们早已对在某些特定的情境中该如何进行判断并该做出哪些恰当的反应了然于胸：当老板要帮助我时（尤其是有他人在场的情况下），即使不需要，我都得先接受，而如果是在酒吧遇到老板，他随口说愿意帮忙，我便可以轻松地拒绝，同时表达谢意。这一点在日本文化中能够得到更有力的证明。在日本企业中，下属往往只是在和老板外出喝酒时才会对老板或者同事表达一些有可能令他们尴尬的真实想法，而如果在工作场所或者清醒的状态下说出同样的话，则会让老板或者同事感到颜面尽失。

追根溯源，信任关乎两个社会经济学元素。信任他人意味着：①在和另一个人交往的过程中，对方总是能够全面理解和接受我对自身的价值认定；②对方不会利用我，更不会利用我袒露的关于自身弱点的信息。在任一特定关系中，关系的亲密程度反映的是双方在彼此袒露心扉的过程中逐渐确认的可以信任对方的程度。双方的试探过程会一直持续，直到关系中的一方或双方感到袒露更多可能会引发误会和排斥，那时，探索便会停留在那个程度上。如果关系中的任意一方利用对方袒露的信息使其陷入尴尬的状态或者让自己获利，就会损害彼此的信任，让双方的沟通恢复到之前的表面化层面，严重时还会导致关系破裂。

例如，我曾经和某人有着非常深层次的私人交往，有一天我听到这个人用充满贬损的口吻向他人讲述我的事情，我从此再也无法和他维持多年经营起来的亲密关系。类似地，某家咨询公司曾经成功地为一所学校提供了有效的帮助，但后期没有续约，其原因是该学校的一位老师无意间听到咨询师对另一个人说道："这个学校的项目很有意思，但是那里的老师实在是太笨了。"

社交剧场

前面描述的社交中的经济性，实际上反映了生活中不断出现的"剧场效应"。我之所以称之为"剧场",是因为所谓的情境就如同由演员和观众各就各位共同创造出来的戏剧体验。我们的童年生活塑造了我们对角色关系的理解,而我们可以把日常生活视为我们根据角色要求配以恰当的"表现"构成的一幕幕场景。我们的"表现"既反映了我们对自身价值的判断,也反映了我们在日常的人际交往中根据需要在演员和观众的角色间随时切换的社交能力。我们的语言则在不经意间揭示了这种"表现"模式控制着我们的思维。

我们在日常生活中运用的很多词语和句子本身就在暗示我们生活的戏剧性,例如,"你话里的潜台词是什么?""在会议中扮演好你的角色""他在工作中的角色是什么?""这可不是在晚会作秀""请设想一个方案(scenario[⊖])"。当我们说自己要远离聚光灯时,意味着我们心中有一个人可以挑大梁,或者是意味着无论遇到什么样的情况,我们都会依靠这个人的全情投入和表现。我们还会说"这是老调重弹(或者故伎重演)"。总之,"表现"这个词或者隐喻其含义的词经常会出现在很多场景中,比如我们会说"某人就想表现自己""尽快将计划付诸实施""他表现得虚情假

⊖ scenario 在英文里有戏剧、电影等的剧情简介的意思。——译者注

意""请开始一段引人入胜的演讲""他总抢风头"。还有人
会说，"行事要环环相扣""请表现得成熟点儿""不要因某
人的花言巧语而坠入爱河""不要步人后尘""你表现得不像
你自己"。另外，"情境"这个词或者其隐喻的画面感也会
常出现在日常语言中，例如我们会说"感觉像变换了场景
一样""请给会议确定一个主基调""你别当众出丑""别让
别人抢镜头"，还有诸如"某人在'导演'一场会议""感
到被人抢了风头""表现得若无其事""某人说话总是装腔作
势"。我们思考问题的时候也会这样想："我想了解这件事
儿的内幕是什么。"

　　我们拥有的最初的也是最关键的角色关系是父母与孩
子的关系。在这段关系中，我们一直在学习如何服从，如
何自主解决问题，更重要的是学习如何既满足权威的需要，
又保持双方关系的平等性。我们从童年早期便开始学习这
些事情，而这种学习会贯穿我们的一生，因为生活中我们
总会遇到地位高于自己的人。当成年以后，我们既要学会
与同级别的同事共处，也要学会领导下属，还要学会为人
父母。社会学家欧文·戈夫曼（1967）将上述两类角色描
述为"遵从者"和"品德者"。作为孩子和下属时，我们
要恪守对他人恰当的尊重；而作为家长和老板时，我们要

做到举止得体，以赢得孩子和下属的敬重。下属不能打扰老板，但是老板可以随时找下属沟通，这一成规就是说明"遵从者"和"品德者"关系的最好例证。老板讲话时，你作为下属就一定要表现得全神贯注，以示非常感兴趣，并要不时地通过点头这样的肢体语言表示理解。但如果换作你是老板，你的讲话就要带有权威感且清晰简洁，这样才能赢得下属的敬重。

当文化准则不够清晰或者被误解时就会引发悲剧，典型例子就是在南非金矿监工的白人经理对矿工们的误会。白人经理认为矿工们和他们沟通时总是眼神游离、从不直视，这是对他们的不敬，因而矿工们是不值得信任的，应受到惩罚。但是让白人经理意想不到的是，这些在部落文化中长大的矿工们从小接受的教育中的一个基本准则就是直视长者和尊者的眼睛是大不敬的。

同理，在着装上，下属一般可以比较随意，不必太正式，而老板一般要穿着正装，仪表端庄。但同时大家也明白，如果下属参加老板会出席的会议就要着装正式，以示尊重。事实上，学会如何表达尊重是我们要掌握的一项非常重要的社交能力。当老板穿着比较随意时，我们便能感知到老板是想拉近和我们之间的距离，但是如果老板此时的行为仍然是高高在上的做派，反而会让我们和老板之间的关系变得更紧张，我们会认为老板这种亲民的姿态背后一定另有企图。人们对于工作场所性骚扰的超级愤怒就清晰地揭示了"遵从者"与"品德者"准则的另一面。异性上下级之间轻拍臀部、拥抱或者讲述黄色笑话这些行为通常会令人产生极强的不平等感和被利用感。

领导者职位越高，其行为就要越端庄，但这往往会受到更多规则的约束。例如，高层管理者在给员工演讲前，顺理成章地要用单独安排的盥洗间来调整状态。这个例子也佐证了社会地位本身具有社交价值的理念——价值越高时，此人的地位就会越"神圣"。现如今，高层管理者常常被打造成具有超能力和非人类特质的人（刻板人设），大家都认为在员工日常使用的盥洗室里是不应该碰到"超人"的。

身居高位之人，不仅仅要着装正式，在公众场合行事以及处理人际关系之时还要遵从很多准则。社会对于孩子的行为有着很大的包容性，而在很多情境中，当我们以成年人或者老板的角色行事时，则会面临诸多限制。因此，当意外发现某一大人物在一个非正式场合骂脏字、行为粗鄙甚至做出一些与其人设完全不相符的事情时，我们会惊诧不已。

哈里斯（1967）在他极具洞见的书《我好，你好》中指出，随着岁月流逝，我们成长为成年人，学会了如何用"孩子""成年人"以及"家长"三种不同模式来应对生活中不同场景的需要——我们知道哪些瞬间该让我们"童真"的一面来主导，哪些场合我们要显示自己的"权威性"或者做回"此刻的自己"。在不同的情境中，我们往往会依照沟通对象的性格特征，以及对方和我们之间的社会地位差异来选择自己要扮演哪种角色。如果对方是一个有"家长"作风倾向的强势之人，即使我们懂得像两个"成年人"一样沟通会更加有效，我们也很容易会因为对方的强势而陷入一种"孩子"式的消极抵抗模式中。

人们也许会想，经过深思熟虑的、发自内心的助人行为是否应该是"成年人"之间交往的理想模式——即便存在级别和地位的差异，双方也能将平等作为关系的前提。一旦进入"家长"或"孩子"的角色，我们就会做出高人一等或俯首帖耳的姿态，会在不知不觉中将助人的过程引入歧途。例如，在给孩子帮忙的情况下，家长往往会用养育模式，而非助人模式。我们可以想一下，如果家长能够以一种"成年人"模式来对待孩子，是否会产生更好的教育结果呢？当孩子说"来帮我做作业，我不会"时，我们可以用对待成年人的方式问："什么问题困住你了？"而不是用家长的口吻："我看看，应该这么做。"（这是养育模式。）同样的道理，当孩子帮助家长的时候我们会怎么说呢？孩子帮助长辈的精彩故事并不少见，然而我们会认为这些事例非同寻常，不会视为理所当然——我们会认为这类孩子在扮演"小大人"。

　　一般来说，如果一个助人者的助人风格偏于"家长"模式，那么受助者就会觉得是被庇护的；反之，助人者的行为是"孩子"模式的话，受助者就会产生疑惑，觉得是不是自己搞错了。上面我所进行的情境分析基于普遍的现象，并没有考虑文化差异因素。下面这个埃克森美孚的案例则揭示了文化差异会使特定情境中的人产生行为差异。当在为该公司欧洲分公司提供咨询服务的时候，我发现了一个有趣的现象：该欧洲分公司的高管去美国总部出差的时候会带两套服装，一套是去纽约总部时穿的深色正装，另一套是牛仔裤、靴子和休闲衬衫，是去得克萨斯的总部时穿的。当人们去参访高科技创业企业时，总会觉得这些年轻的企业似乎不遵守"遵从者"与"品德者"准则，但是事实上，它们只是表现的方式不同而已。我记得有一家企业，高管每次在谈到地位级别时都会说每个人都要能够撸起袖子干活儿。这个企业里的沟通方式让人感觉似乎非常随意，但是新员工还是要学会跟工程师及程序员沟通时该说什么和不该说什么，因为他们在公司里的地位更高。

在一个特定场景中，人们的性格往往决定了其倾向于扮演哪种角色，尤其当彼此是互相依靠的关系时。例如，一个在关系中依附于他人的人往往会认为这段关系是平等的，而实际上对方是引领者；愿意被他人依附的一方，只有在获得他人的认可和尊重以后，才会觉得彼此的关系是平等的。了解自身是最重要的，对自身的固有偏好认知越明晰，对关系发展中的对等性和公平性的感知就会越强。

在特定情境中，上述这些规则的运用会因关系所承担的社会功能的差异而有所变化。例如，日常我们会参与很多商业活动，会与销售人员或者普通职员等建立关系。这种关系通常都是正式的、客观的、不带感情色彩的，而且这类交往带有某种非常具体的意图。我们在这样的关系中，不会期望有亲密感，但是信任很重要。因为与对方见面的次数不多，我们不易判断对方是否可靠。在零售店里，一句"您想买点儿什么？"意味着销售人员想让你依靠他，而事实上他的业绩依赖于你的最终决定。我们大多数人都有到 4S 店买车与销售人员对话的经历。开始时，双方一定会有一个习惯性的试探过程来决定谁说了算。当卖方能够洞察到他们的产品可以满足客户的需求时，生意就会成交了。从这个角度上说，销售人员在这段关系中充当了提供帮助的一方，引导客户变成受助者。

有时，人们需要理发、美甲、按摩或者其他会发生身体接触的服务。这时，客户有着明确的需求，提供帮助的店员则要清晰地定义自己的角色，并且双方要有非常清楚的界线。两者之间没有亲密关系，但是提供帮助的店员要接触客户的身体，他们之间的关系就要保持在一种"彬彬有礼"、有一定距离感且让双方都感到自在的状态。如果客户对服务满意，稍后他们之间的关系就会"随和"多了，会演变成指定发型师或者私人教练这样的服务关系。

如果客户的要求更加私人化或在某些特定的情形中，诸如我们需要律师、医生、财务顾问、牧师或心理咨询师提供建议时，情况就会变得更加复杂。最初，两者之间的关系是中规中矩的，但助人者广博的专业知识会让对方越来越感到自身的脆弱。在常见的销售或各种服务关系中，客户非常清楚自己拥有更高的地位和更多的权力，随时可以拔腿就走。然而，在由客户一方发起的专业的帮助关系中，助人者会因专业能力拥有更高的地位和更多的权力。正是基于这样的原因，这些行业的从业者不仅要接受大量的培训，还要通过各种资格认证，并保持很高的职业水准和道德标准。因为一旦签署了委托合同，这些专业服务的提供者就处于可以掌控和利用客户的位置，因而要依靠职业规则以及他们内心的准则来对自己进行约束。正如我们后面会了解到的，为了回避这种地位的不平衡性，客户往往会试图说服自己这份关系是平等的，甚至试图通过强调自己是支付报酬的一方来抬高自己的地位，其实这只是他们为了维护自己的面子而否认所处的弱势地位而已。

结论和启示

为了维护社会的整体运行和社交秩序，人们已经将日常生活中的相互帮助视为理所应当。在各种类型的人际关系中，维护面子这一准则都是适用的，同时，"遵从者"与"品德者"准则引导我们在日常生活中互相帮助。当某人表现得过于激进、消极或者是做了令他人尴尬的事情时，我们就会急于通过否认、道歉来修复关系、挽回处境，或者干脆与之划清界限。当突然遇到他人请求帮助或者主动要提供帮助时，我们必须对情况进行全面了解，并且必须更多地关注助人这个过程本身。我们要懂得针对上述各种不同类型的关系采用不同的准则，同时我们要思考，在所有助人的关系中是否存在着相同的基本的互动过程。例如，如果信任是帮助的关键，那么信任汽车销售人员这样的人意味着什么？

若要建立一段关系（无论何种类型），我们需要对社交的经济属性和"要面子"准则保持敏感度，从而确保我们每个人都能从中收获公平和益处。在日常生活中，我们要扮演好自己的角色，同时要维护好自己和他人的颜面。从小到大，我们一直在学习如何在各种情境中担当合适的角色，例如做好一名观众。

在每一个特定场景中，个体所能够获得的社交价值往往取决于所要建立的人际关系类型和需要完成的任务。我们不能指望计算机服务热线接线员可以帮助解决私人生活问题，因而当他们对我们的个人问题漠不关心时，我们也没有必要生气。但当需要帮助，向朋友讲述自己的个人困惑时，我们就会期待对方可以全神贯注地聆听。如果对方心不在焉，又不能给出合理的解释，就会得罪我们，我们日后再也不会向其倾诉了。

要想成为一个助人者，我们就要清醒地意识到自己生活在社交经济和社交剧场之中，要想清楚在不同的情境中对方眼中的自己应扮演什么角色，并搞明白可以交换的"社交货币"及带给对方的价值是什么。管理好这个交互过程，双方的关系就可以保持公平和对等。

最后，我们必须认识到在日常生活中，助人本身是一种重要的"社交货币"，如果不能应对得当，则会失去平衡。擅长在适当的时机用合适的方式给予他人帮助，或者是接受他人的帮助，会使人们之间的关系更有效、更融洽。

助人，既是我们日常社会行为中基本的交往过程，也是不时会打乱我们正常生活的特殊过程，因此我们要特别用心地对待。在下一章中，我会探讨他人正式寻求我们的帮助的具体情形，以及随之而来的助人者和受助者可能坠入的陷阱。

第 3 章
CHAPTER 3

帮助关系中的社交不平等性
及角色模糊性

现在，我们来谈谈助人情境中独特的深层互动过程，以及建立帮助关系过程中的各种陷阱。在本章中，我将探讨人们寻求帮助或提供帮助时暴露的社交不平等性和角色模糊性。在成熟的互信人际关系中，在日常自然而然的互助中以及井然有序的组织中，这样的互动过程往往是隐性的，大量的相互帮助在不经意间就顺利完成了。我们在儿童时期就学会了帮助他人和接受他人的帮助。人们彼此间点头致意、说声"谢谢"以及其他类似的互相认可是很自然的行为。人们在助人者和受助者这两个角色间不断转换，谁都不会刻意注意。

当人际关系发生冲突或团队遇到挫折时，当人们遇到突发情况或新情况时，当打交道的双方之间的关系尚未确立时，人们便很容易会去计较谁帮了谁，"社交经济学"开始发挥作用。在日常生活中的很多场合里，我们往往会在毫无预兆的情况下忽然发现自己已经成了受助者。例如：我们问路的时候；东西掉在地上，我们腾不出手去捡的时候；需要别人帮忙开门的时候；开车想并线的时候。当看到自己的亲人或朋友遇到问题或困难时，我们也会很自然地想提供建议或出手相助。作为团队的一员，当组织遇到新情况时，我们也会调整自己的角色，出谋划策。看到他人需要帮助的时候，我们往往会本能地施以援手，有时候这会吓到一部分潜在受助者，甚至令他们惊慌失措。当这种自然而然的帮助进行得很顺利时，我们一般关注不到其中所隐含的互动过程，而一旦出现问题，我们便会感到莫名其妙和不知所措。

往往是当我们遇到较大的问题时，上述隐含的互动过程才会凸显。有时，我们觉得自己遇到了困难，需要具有专业资格、专业知识或者特殊设备的专家专业的帮助；有时，我们需要各种各样的技术和美学方面的建议，需要准专业帮助。在第一种情形中，能帮到我们的医生、律师、咨询师、牧师、社会工作者及教练等人都是以助人为职业的。在第二种情形中，我们需要计算机专家、财务专家、装修设计师、景观设计师、合同工、销售员帮忙给出建议。在上述这些情形中，我们都是因为想要解决问题或者想要达成某个目标而主动地寻求帮助。下面，让我们先剖析帮助行为中的经济性和角色扮演是如何影响专业和准专业这两种帮助行为的，然后看看如何将它们运用到日常的帮助行为中。

寻求帮助意味着"处于下风"

助人的过程在本质上会令人际关系不平衡，且双方所扮演的角色是模糊的。当寻求帮助时，无论是从情绪层面还是从社交层面上看，你都将自己置于了"下风"。当我们不知道下一步该做什么或者不清楚怎么做时，势必要暂时放低姿态、放下自尊心找人帮忙。寻求他人的建议，让他人疗愈你、照顾你、搀扶你、支持你甚至是伺候你，是以减少自己的独立性为代价的。在街上不小心摔倒后，人们常常脱口而出"我没事儿"，每当看到这样的情况，我都会不禁感慨：明明已经受伤了，但我们往往不愿意接受突然之间要依赖他人的现状。如此说来，像在医院里需要他人照顾排便这种极端情况，就更会让我们感到颜面尽失。

在一些文化中，长大成人意味着人要越来越独立，需要很强的掌控感。在这样的文化中长大的男性更会有如此倾向。独立往往意味着不去请求他人的帮助，提到需要他人帮助就会让其感到贬低了自己。在美国，人们常常会听到这样的嘲讽："真正的男人不需要他人的指导，他们会自己找到办法的！"人们一般会对自己因情绪障碍去找心理医生的事情讳莫如深，把聘请咨询顾问当作自己没有能力解决问题的表现。在这样的文化影响下，可以看到的一个典型例子是在美国，人们认为请保姆来帮助照料生活中的各种事是一件不光彩的事，因此既不愿承认自己有这方面的需要，更不会宣扬他人的类似做法。

"处于下风"的感觉不仅仅产生于在生活中面对助人者的情形中，在工作环境中与同事相处时这种感觉会更为强烈。在很多公司里，无论是谁聘请咨询顾问帮忙，无异于他承认自己不能胜任工作。我曾经以顾问的身份服务过一家欧洲公司，每个季度访问该公司一次，历时五年。在此期间，我偶尔会到公司的高管餐厅用餐。在餐厅，我经常会碰到合作过好几个项目的高管。但是，他们要么装作没看见我，要么装作不认识我，从我身边走过。聘用我的负责人告诉我，他们肯定是不想让其他同事知道我帮助过他们，怕自己没面子，才会如此行事。

心理诊所也会发生类似的情形。当一位患者结束咨询走出治疗室时，若他在候诊室遇到了下一位就诊的患者，双方都会感到尴尬。因此，有些心理诊所为了保护客户隐私，进出设有不同的门。在这样的文化氛围中，受助者在寻求他人帮助时会遇到的关键障碍就是他会感觉低人一等，会产生一种地位不平等感。心理治疗师欧文·亚隆 1990 年就对这个问题做过如下论证。

> 心理治疗过程充满着内在的不一致性。治
> 疗师进行治疗时，从一开始就知道这是一种伙

伴关系，自己要和患者形成"治疗同盟"，然而
这种伙伴关系在本质上是不平等的，不是真正
的同盟关系。患者一方往往因陷入不能自拔的
痛苦中，期望治疗师可以运用专业能力抽丝剥
茧、客观分析，找到造成痛苦的根源，况且患
者为此支付治疗费用。"治疗"就意味着不平等，
治疗师必须刻意表现出平等的姿态来掩盖双方
的不平等。

被求助者"自恃高明"

当一个人被推到助人者的角色时，从字面上理解，意味
着他立刻就拥有了更高的地位和更大的权力。这可以体现为
我去搀扶一个摔倒的人，也可以体现为我以心理治疗师、咨
询师或者教练的身份，运用智慧和经验帮助他人解决问题。
如果从维护面子的角度分析，当我们向一个人求助时，无论
他最终能否帮得上忙，我们都在无形中将自己的权力和价值
交给了对方。正是这种权力的交托造成了关系的不平衡。在
发出请求帮助的请求后，受助者就把自己放在了一个被动
的、要依靠他人的观众角色上，而让心目中的助人者成了主

角。于是，球落在了助人者的半场上，那么，接下来他会怎么处理呢？

认识到这种细微的变化很重要，因为它给潜在助人者提供了利用这种变化的可能性。他可以借机推销，也可以并不提供什么帮助，只是借此套取更多的信息。人们可能知道自己什么忙也帮不上，但还是会忍不住用对方赋予的权力谋取私利。我们很难发自内心地放弃得到的权力，并谦逊地说"我不知道我能否帮得上忙"或者"我真的帮不了你"。有机会帮助他人确实是一件充满诱惑的事情，当有人让我教他如何使用计算机的时候，我就深刻地体会到了这一点。即使我心里清楚我并不比对方知道的多多少，但还是会忍不住插手去帮忙，结果可能把问题搞得更加严重。

另一个比较复杂的问题是当他人求助时，我们有责任做出响应。这时，潜在助人者被推到了舞台的中央。我们的文化要求我们必须有求必应，因此一旦帮助关系的大门开启，你便不能轻易离开。当潜在受助者提出请求后，他就成了弱势的一方，同时创造了一个需要重新平衡的情境。例如，一位同事或者朋友想请你出来一下，就他个人的事情征求你的意见："我能占用你几分钟时间吗？我想听听你的意见……"我们必须按照文化准则的需要来做出适当的反应，要么说"好的，我们找个地方坐下好好聊聊……"，要么回应"没问题，我很乐意，不过，我手头有点事儿，等我把这个处理完，可以吗？"。这两种反应方式对求助者的需求都给予了积极的响应，而且让对方感受到了你对他的事情非常上心，重新平衡了双方的关系——表示关切就是给面子。

如果你不想得罪对方，就不能拒绝他的请求或者置之不理，否则就会放大对方的"弱势"，这等于告诉他，他的问题不值得你花任何精力。在请求医生或律师帮助而被拒绝时，我们就会强烈地体会到这种被轻视的感觉。如果拒绝来自朋友或者伴侣，我们同样会感觉很受伤。一般来说，专业人士不会直接拒绝我们，往往是了解清楚我们的情况后，介绍自己的同事给我们，以此弱化我们被轻视的感受。如果他们只是简单地对我们说"不"，就会令我们很难过。

总而言之，所有的帮助关系在开始时都处于一种不平等的状态。受助者是弱势方，比较敏感；助人者是强势方，具有更大的权力。缺乏对帮助关系中不平衡性的洞察和应对能力，会导致很多帮助过程的结果是不欢而散。帮助关系必须**用心建立**，而不能想当然地认为其已经存在了——即便其中的不平衡性是显而易见的，也不容易用社交经济学来解决。在一段关系的初期，无论是助人者还是受助者，对期待从中获得什么和需要付出什么其实都是不清楚的。受助者在获得帮助（任何形式的）后，都要回馈助人者相应的价值，至少也要表达谢意，而专业的帮助则需要支付真金白银。

受助者会在不知不觉中对助人者产生依赖感，若双方对彼此的期望值是模糊不清的，便会造成最初的权力失衡，使得双方都要面对焦虑和紧张（Schein，1999）。焦虑的表现形式会因关系的本质和所处情境的差异而不同。当与一位被吹得神乎其神（"去找×××吧，他超级棒，肯定能帮到你"）的治疗师或教练正式见面时，我们会很听话，甚至有点儿战战兢兢。而同样的问题，当求助于某个特定的朋友时，我们既会担心自己是否太强人所难，让他人承担了自己的烦恼而伤害了友谊，又希望朋友能很上心，且不要因此小看我们、敷衍我们。换句话说，一旦人们提出了请求，无论受助者和潜在助人者原来的关系如何，焦虑都会随着情境自然产生。

如果不能及时察觉这种焦虑的存在，那么双方的关系就会因失调而变得脆弱，进而引发防御性行为的产生。因而当这种焦虑产生时，就要立刻采取行动去弱化，否则很容易引发一些常见的情绪反应，使关系的发展偏离正轨，帮助也会变得越发困难。这些情绪化的反应也可能令助人者或受助者坠入陷阱。一般来说，当人们比较正式地请求帮助时，这些陷阱往往是显而易见的，然而，所有的助人情境中都存在这些情绪化的反应并会引发后续行为。

鉴于助人者通常不会立即察觉到这些情绪化的反应，但其在一开始做出回应时必须考虑这些因素，我就先从研究受助者的情绪化反应开始。下面，让我们先来看看受助者面临的五大陷阱。

受助者的五大陷阱

1. 最初的不信任感

"他真的愿意并且能帮到我吗？"这样的顾虑很正常且无可厚非，但是可能导致受助者在一开始将真正的问题隐藏起来。不仅如此，小心翼翼的受助者还可能进行一些让人左右为难的试探，用以判断助人者是否积极主动，是否具有足够的同理心。

> "爸爸，您能帮我看看这道数学题吗？"当儿子内心是想和爸爸谈谈自己的一个困惑但不

知道如何开口时，便会以这种方式提出请求。

　　"大夫，我睡不好觉。" 在夜晚倍感焦虑的患者会这样描述他的病情。

　　经理会对管理咨询顾问说："我想请你帮我搞一次比较好的团队建设。"而实际情况是该经理失去了一位下属对她的信任，但她不知道该如何挽回。

在这种情况下，助人者所面临的陷阱就是容易太快给出解决方案，急于针对假定的问题提供建议和指导，因此错失了解真正问题的机会。没有找对问题，就无法建立相辅相成的关系。

2. 解脱

在终于把苦恼分享给可以提供帮助的人以后，受助者就会大松一口气，与此同时，受助者会表现出愿意接受助人者的帮助并依赖和服从他。但如果解决问题的方案还需要受助者付出努力，这就容易形成另一个陷阱。

　　"我真高兴终于可以把这件事讲给你了，接下来怎么办？"

"知道有人能帮上我的感觉太好了。"

"你能理解我的苦恼真是太好了。"

即便解决眼前的问题不需要受助者的参与意见，但最终还是要由他来掌控局面。如果助人者强化了这种依赖性，后面再让受助者主导就会变得越发困难了。在一些照顾的场景中，帮助可能是从始至终的，例如我们把亲人抱到轮椅上，或者为不能弯腰的人捡东西。但在大部分的助人场景中，助人者最主要的目标是激发受助者能自己解决问题。在这样的帮助关系中，既要允许受助者有一定的依赖，又要逐渐减少其依赖性。

3. 寻求关注、保障和验证而非帮助

助人者需要对一些看似在寻求帮助但实际上另有所求的人保持特别的敏感度——并不是所有声称需要帮助的人都是真的表里如一的，无论他想要的是什么。"请帮个忙"这句话是最方便说出口的，而在交往中说"请关注一下我"就显得不合时宜了，但我们可以通过寻求帮助，强迫对方做出响应，从而让其将注意力转移过来。有时，潜在受助者自己已经界定了问题并找到了解决的办法，只不过需要他人的肯定、积极的评价甚至表扬而已。这种情况在企业

聘请咨询师时经常发生：咨询师进入项目后很快会发现，客户实质上已经有了自己的想法和方案，只是需要咨询师肯定一下而已。

"我们之前有个问题，我很自豪自己把它解决了，您看看有什么问题吗？"

"我现在的计划是×××，这么做没错吧？"

"请您帮忙看看我们做得怎么样。"

在这种情境中，最危险的部分是受助者为了避免让自己"处于下风"，决定将真正需要解决的问题隐藏起来。助人者必须想办法让受助者鼓起勇气直面问题，而不能虚与委蛇地同意对方提出的与实际情况不符的方案。另一种困难的情形就是助人者可能认同了对方提出的方案，但是这个方案并没能解决真正的问题。当助人者意识到结论是错的或者问题本身存在问题时，必须指出来。如果对方不接受，就应当向对方致歉并从这个处境中抽身。

4. 怨恨和抵触

在这种情况中，受助者可能会寻找机会让助人者显得很无能。这种情况一般都是助人者过早地提供了不成熟的或者南辕北辙的指导，落入了陷阱中，因而造成受助者对建议不认可——要么指出助人者给出的建议是多么无关痛痒，要么反驳说已经试验过这种方法，根本无效，要么以其他方式拉低助人者，好让自己找回平起平坐的感觉。

"你这个想法不可行，因为……"

"我已经用过这个方法了，不成！"

"你没搞明白，实际情况比你认为的复杂多了！"

如果双方的关系依此演进，关系中的平等性是靠降低助人者的地位而非提升受助者的地位来实现的。我们之后会了解到，助人者很容易会陷入抵制和争执的陷阱中。

5. 死板，抱有不切实际的期望，移情

每个人都有得到他人帮助的经历，会因此对帮助产生一种感受，于是会有先入为主的判断，这就给其客观地看待面前的新助人者造成了障碍。这种倾向在最初往往不易察觉，助人者只能随着关系的发展逐步推断。受助者内心深处的无意识情感很可能会投射到助人者身上，而在起始阶段，双方几乎察觉不到这一点——受助者可能将助人者投射成自己脾气温和或者急躁的父母，也可能投射成自己

过往喜欢的或者厌恶的老师，如此种种。

这样投射可能带来的问题是，受助者会将自己内心对投射角色的期望与助人者的一言一行进行对比，进而以此来评价双方关系进展的好坏，而不是以得到的帮助作为评估的依据。如果受助者之前遇到的助人者都是非常支持他且富有同情心的，那么他会期待新助人者说出："哦，你真是可怜人，怎么会遇上这些不幸？"但如果新助人者经常基于"你再想想"或者"你为此都做了什么？"这样的提问方式来提供帮助，受助者便会感觉不适应。考虑到人类自身有一种愿意用过去的经验来应对眼前发生的事情的倾向，助人者最好在起始阶段就先问清楚对方之前得到过什么样的帮助，这会为助人者理解受助者当下的行为提供有价值的信息。

总的来说，意识到自己需要他人施以援手并主动提出需要帮助，这本身就会造成人们有所不适和焦虑，从而引发情绪反应。察觉不到这些反应的助人者很容易做出不恰当的回应，导致双方更难建立角色清晰的平衡关系。

助人者的六大陷阱

遇到他人求助或者感觉别人需要帮忙时，人们很自然地就会觉得自己更高明，还会被一种强烈且诱人的情感驱使，想通过各种响应方式来利用这个机会。在特定情境中，产生这样的反应很正常且无可厚非，然而助人者和受助者都应该意识到，这类反应是助人者初期处于自以为是状态的产物，有可能成为导致双方关系破裂的陷阱。下面我描述的六种行为或情绪反应，全部都是因助人者感到自己更高明且具有他人所需要的智慧而产生的。

1. 急于展露智慧

迅速给出建议会让受助者感到难堪，同时，这样的行为意味着助人者认定受助者所陈述的问题就是真正的问题，而忽略了受助者或许只是抛出一个表面的问题试探一下。

> "噢，我明白了……你应该这样做……"
>
> "这事儿很简单……这么办就行了。"
>
> "我给你讲一讲，我以前遇到类似的情况是怎么处理的。"

一般来说，在专业的帮助和准专业帮助情境中，当我们准备提供帮助时，通常都能意识到，要花些时间搞清事情的真相。而在一些日常生活的情境中，我们总是在还没搞清楚朋友、配偶、偶遇的陌生人究竟要我们帮什么忙时就迫不及待地给对方出主意，因此很容易掉进这个陷阱。

2. 面对抵触情绪时，施加更大的压力

助人者通常会自以为是地认为对方已经将实际面临的问题和盘托出了，而且具备相应的技术和能力可以实施自己提供的方案。当助人者陷入这个陷阱时，就会表现出急于说服对方接受自己给出的建议，向对方证明自己的建议是有效且正确的，认为只是对方还没有弄明白而已。然而，助人者很快就会沮丧地发现，这样做让双方都很纠结，甚至可能导致双方一拍两散。

> "我觉得你没有理解我的想法，我再解释一遍。"
>
> "我知道你不愿意这么做，正因为如此，我的建议才有效……"
>
> "你根本就没听我说，相信我，试一下。"

一旦产生这样的情绪反应，为了保住自己的面子，助人者是很难再回头的。于是，其会"自圆其说"地认为是受助者没有能力理解自己的建议，而且不是真的想要解决问题，不值得自己再花更多的时间和精力在对方身上了。

这种情况在管理咨询服务中屡见不鲜。管理咨询顾问给出建议后，发现客户没有执行，就会想再次去说服客户重新考虑一下自己的建议。如果未果，他们就会带着对客户的鄙视一走了之。他们从不去想可能是自己搞错了客户的问题，或者是双方从一开始就没有建立相辅相成的帮助关系。

3. 马上接手问题，而且表现得胜券在握

当助人者很快就答应了他人提出的帮助请求并且表现得信心满满时，就会令对方感到可以依靠他，但实际上助人者并不确定是否真能帮上忙。

> "我听明白了，我肯定能帮到你，咱们马上开工……"

> "我知道你的问题出在哪儿了，我觉得咱们可以一起这样做……"

> "如果你能做这几件事……我就能帮上忙。"

从表面上看，这些回应非常妥当，但实际上很可能是陷阱，因为助人者不太可能一上来就有十足的把握能帮上忙，如此的表达等于助人者单方面宣布自己处于领导地位。不断强化受助者最开始产生的依赖感会让帮助陷入困境，

很多问题只有受助者积极参与，双方才能一起找到解决方案。同样，管理咨询顾问服务于组织或者团队时，很容易陷入"大包大揽"的陷阱之中：在充分了解文化与情感对方案可行性的影响之前，就急着提出建议，甚至针对下一步行动发号施令。

4. 提供支持，加油打气

在有些时刻，表达支持并不妥当，反而可能强化受助者的从属地位。

> "可怜的家伙，我觉得你真是不容易，情况实在是太困难了。"
>
> "你就按照自己的想法去做吧，我会支持你的。"
>
> "我相信你的计划会奏效，即使失败，也不是你的问题。"

无论客户怎么说，我们都要在理性评估现实与给予客户支持之间保持微妙的平衡。条件反射式的支持会成为一个陷阱，因为：①这会使助人者被奉为超级诊断专家；②会强化受助者的从属地位；③受助者可能还没完全准备好，以双方当前的关系，这样做实际上并不恰当。

这种陷阱在组织发展类的管理咨询中屡见不鲜。客户往往会将企业遇到的问题视为其内部团队的问题并公开宣扬，这通常掩盖了真正的问题——该客户自身与内部团队之间的关系问题。一旦咨询顾问表达了同情，就很难再让客户对可能是自己造成的问题承担责任。

5. 拒绝担当助人者角色

这种反应是最不易被察觉的。助人者很难察觉到他们在努力保持客观性，并且在避免上述陷阱时，会在不经意间失去热情，产生想抽身而退的情绪。在较为正规的专业的帮助中，为了强化自身的客观性，助人者往往会强调要与受助者保持一定的疏离感。但如果对朋友保持这种若即若离的态度的话，所传达的信息便是："我不想掺和你这件事儿。"做好助人者的难点就在于把握好客观性和参与度的平衡，在对方确实需要帮助的时候，可以很快建立帮助关系。

"哎，我真不知道怎么才能帮上忙！"

"我也不知道该如何是好，可能你可以试试这些方法……"

"我们可以以后再找时间谈吗？"

"这件事你和 ×××聊过吗？他没准儿能帮
上忙。"

为何助人者会表现得这么"漠不关心"？从心理上说，
最有可能的原因是助人者有意无意间意识到，要想更深入
地探究受助者的真实感受，就必须转变观念，放下发号施
令和自恃高明的姿态。成为一名助人者，往往意味着你要
将自己放在对方的位置上，从对方的视角看待这个情境。
而事实上，拥有这种开放自己的意愿，倾听受助者真切的
表达，放下对问题的预判，是建立相辅相成的帮助关系最
有效的途径之一。

当助人者全神贯注聆听时，实际上是向受助者表达了
足够的尊重，认可其重要性，这会让受助者感到自己对所
处境况的分析是很有价值的。如果我们将帮助看成一种影
响他人的方式，其正确原则就是：只有你愿意对他人开放
时，你才能真正影响他人。

6. 容易范式重复、预设期望值，易受"反移情"影响，并喜欢预判

从过往的经验中可以发现，助人者很容易产生所有这
些倾向。受助者可能会触发助人者想起以前帮助过的人，

这类反应会引导助人者不自觉地用以前情境中的情绪来对待受助者。一些心理治疗师当遇到触发他们产生厌恶甚至反感情绪的患者时，那些令他们感到困难的咨询经历就会浮现在脑海中。当出现这样的情况时，助人者接下来要考虑的是愿不愿意投入更多的时间和精力去研究这些初始的反应，不论这些反应是积极的还是消极的，都要分析其真实性，并判断这会不会最终让自己无法提供帮助。

我自己多次经历这种陷阱，都是由我对依赖性及反依赖性的情绪反应引发的。经过多年的探索，我发现自己与独立性较强的客户很容易建立良好的关系，而对依赖性较强的客户就会缺乏耐心。每当遇到客户讲出问题后长舒一口气，两手一摊问我"接下来我该怎么办？"时，我发现自己就会产生焦虑，有时还会有点儿愤怒。接下来，在我回复"你还能想到哪些可行的办法？"或者"你之前都做了哪些尝试？"之后，如果客户能够给出一些答案，我们就会继续讨论；反之，如果他接着追问"我也不知道，还是你告诉我该怎么办吧"，我发现自己会更疏远他，最终我会告诉他我真的帮不了他。

助人者必须能够觉察自己的情绪是如何产生的，还要对有些助人者和受助者之间很难建立帮助关系有心理准备。

在日常生活中，夫妻中的一方常会询问："帮我看看明天应该穿哪件外套?"如果夫妻双方的关系一直是各自比较独立的状态，则另一方很容易回应："你自己决定吧。"这样的答复虽然立刻能化解眼下的问题，但对方实际上可能是遇到了困难，需要帮助，最终可能导致误会。

避免出现这种困境的一个方法就是对独立性较强的受助者（客户）说，"我不确定我真的能帮上忙，因为我觉得你自己应该积极地寻找解决方案"，或者"因为我不是你，所以由我来告诉你如何做会让我觉得不对劲儿，我只能告诉你如果换作我，我会如何处理，但这不一定就适合你"。

建立帮助关系的意义

建立帮助关系意味着要对上述陷阱保持觉察，尽量避免或及时补救，这就要求助人者在与受助者最初的交流过程中，聚焦于设法帮助受助者建立地位，并为双方确定恰当的角色。鉴于助人者在建立帮助关系的过程中会受到自身心理倾向和文化的影响，要做到这一点是相当不易的。当他人请求我们给予帮助时，就已经赋予了我们很大的权力——受助者相信对方有意愿、具备相应的专业知识、富有责任心，不会利用这个机会占便宜，并有能力提供自己所需要的价值。

助人者往往会认为自己能够提供的价值会超出受助者的期望，故当他们感到受助者不认可他们给予的帮助时，就会感到失望。这种"纠结"则会让帮助关系变得更加复杂。令专业的助人者常常感到沮丧的是他们有足够的时间，但没有人来寻求帮助，这是组织内部顾问常见的情况。一旦有人前来，他们便会如释重负，以至于存在小题大做和提供过度帮助的风险。我有一位保姆非常了解顺势疗法，会执着地建议我要吃哪些食物，她每次提供建议的时候，都会长篇大论地详细解释为什么应该吃这些食物，但每到这时我就躲开，因为不想花20分钟听她宣讲。这样一来，她对我实际上毫无帮助。

助人者总是喜欢先于受助者判定什么是有效的解决方案，更糟糕的情况是其还会认为受助者很愚蠢，搞不清状况，看不到显而易见的事情或者不听劝告。这就会导致其对受助者缺乏耐心，甚至产生轻视和愤怒情绪。当那些杰出的高见、忠告或者措施几乎无人问津时，既令人费解又令人沮丧。也许那些最常规的问题解决方案或观察结果会为受助者津津乐道，被认为是最有帮助的关键举措。研究了所有的帮助理论和模型后，你会发现那些看上去是偶然发生的事件所引起的变化，实质上远超过精心规划的干预行动。

总结

在任何情境中，帮助关系在最初都是不平衡的，由此助人者和受助者都可能落入这种不平衡造成的陷阱之中。因此，要建立卓有成效的帮助关系，助人者就要有意识地帮助受助者调整好心态。要做到这一点，助人者先要向受助者澄清彼此所要扮演的角色。助人者可以主动选择扮演其中一种角色（尽管这种选择权似乎不那么清晰可见），其选择的方式会给双方的关系造成长期的影响，我将在下一章中详细探讨。

第 4 章
CHAPTER 4

帮助过程中的三种角色

助人的剧场效应

在任何帮助情境的初始阶段，助人者和受助者对自己应当扮演何种角色往往都是不清楚的，而保证关系平等性的规则也尚未确立，也就是说双方要先被动地确定一个身份，并选择相应的角色来发挥作用。即使是在看病、向计算机顾问咨询这样的专业的帮助场景中，由于一开始助人者和受助者都不了解全部情况，也存在着这种模糊性。然而，此时双方几乎意识不到对方对自己可能知之甚少。恰恰是忽视了这一事实会导致人们坠入上一章所述的诸多陷阱之中。

在帮助关系建立初期，唯一可以明确的事情就是寻求帮助的一方处于下风，另一方因此立刻获得了"高人一等"的权力。但双方忙着解决问题，并不会觉察到这一点。如果双方想要建立有效的帮助关系，就必须识破这个盲区，继而采取适当行动去改善，才能解决关系的不平衡（Schein，1999）。

在建立潜在帮助关系的初期，我们不清楚的事情有很多，但只要我们从一开始就对此有足够的察觉，便能够应对得当，甚至只需几分钟便可获得所需要的信息。我发现即便是在别人问路这样的最简单的场景中，花几秒钟想想自己有哪些盲区，受助者不清楚的又是什么，也是很有帮助的。只要我们能够意识到我们的盲区，就能够选择扮演恰当的角色来应对。

助人者在初期不知道的五个问题

1. 受助者对信息、建议或提出的问题是否真的理解

例如，当你给要去波士顿的驾车者指路的时候，你能先假定他知道马萨诸塞大道、那个环岛以及麻省理工学院大桥在哪儿吗？计算机顾问往往并不清楚来咨询的客户是否分得清光标和图标的差别。在设计热线电话自动回复的引导词时，并没有人考虑有些人可能根本不懂"请按＃键"的意思是什么。医生在处方上写"饭后服用"之前，往往并不了解患者的饮食习惯，也就意识不到这对疗效可能产生什么影响。承担组织再造任务的咨询师提出"让下属更多地参与决策"的建议时，也并没有和客户确认其是否理解"参与"的内涵。

2. 受助者是否具备能够执行助人者建议的知识和技能

例如，网球教练常会指导学员"要屈膝"，但学员有能力做到吗？当医生对患者说"放松"时，患者真的可以不

绷紧神经吗？当组织发展顾问要求管理者要和同事及下属清晰地进行沟通时，往往并没有确认客户是否具备了相应的沟通技巧。

3. 受助者做这件事的真正动因是什么

当妻子问丈夫"你觉得我穿这条裙子好看吗？"的时候，她的潜台词是"你还爱我吗？"。当患者向泌尿科医生描述自己有尿频的症状时，心里最想从医生那里知道他身体的哪个部位有毛病。对于组织发展顾问来说，客户寻求帮助的动因往往是他们最大的盲区，尤其是当客户要求组织发展顾问诊断一下组织中其他部门出了什么问题的时候。

4. 受助者身处怎样的文化环境之中

助人者往往不了解受助者各方面的人际关系、与团队相处的方式以及所处的文化带给他的约束。例如，我们培训组织成员以改善沟通与管理方式，却发现课堂上的优秀学员在返回工作岗位后，行为方式依然如故，究其原因，是工作环境的文化不支持新的方式。同样，家庭心理咨询师引导客户转变行为模式往往以失败而告终，原因是客户的家庭氛围使然。而理财顾问会发现，阻碍客户改变消费习惯的根本原因是其深层的人格特质。

5. 受助者的经历如何塑造了其期望、成见和恐惧

此问题在专业的帮助场景中尤为重要。例如，潜在客户对心理咨询师和治疗师将如何进行治疗充满了不可捉摸的想象，会导致他们异常焦虑并产生防御心态。

总之，帮助的情境不仅充满了之前所描述的各种陷阱，而且非常难以捉摸。因此，助人者在初始阶段不仅要确保受助者调整到了适当状态，还要搞清楚与受助者相关的关键信息。

受助者在初期不知道的五个问题

进入帮助情境的受助者会感到茫然和不知所措，因此往往会在想要获得帮助之前就先对助人者进行了解。尤其是在专业的帮助关系中，大部分受助者都会寻求他人推荐潜在助人者。当受助者陷入突发的需要帮助的情境中时，会想尽快扫除以下几个疑虑。

1. 助人者是否具备提供帮助所需的知识、技能和动力

请回想一下你有过几次这样的类似经历：到加油站的

便利店问路时，发现售货员不会说英文，或者他初来乍到，对小镇不熟悉，不知道你打听的地方。你又有多少次下面这样的经历？向可能的助人者寻求帮助时，被告知他们太忙、帮不上忙或者"回头再说"，从而令你感到尴尬和无助。在很多心理咨询师、教练或者律师等人参与的专业的帮助场景中，这些专业人士清楚地知道，必须对受助者的请求做出积极的响应：他们要么会快速响应，要么会指定其他人来处理，让受助者感觉有面子。受助者在接受帮助之前，一定要先弄清这个问题再投入时间和精力，以免求助于帮不上忙的人。

2. 请求此人帮助后会有哪些后果

你是否有这样的经历：向某人问路后，他不仅给你指路，还想送你过去，陪你走一段，甚至是挽着你的胳膊走。我的计算机顾问总是在我问一个很直接的问题后，给我整体讲解一遍计算机的工作原理，然后给我演示更多的下拉菜单，他觉得这样可以让我以后再也不会问同样的问题。由于实在是吸收不了，他的这种填鸭式的帮助总是令我感到很矛盾。受助者要了解自己的局限所在，在建立深入的帮助关系之前，一定要清楚对方对你的投入要求达到了什么程度。

3. 作为受助者，我能相信助人者不会趁机兜售产品或者变相控制吗

大多数的销售行为都始于帮忙——如果销售人员帮了你的忙，你就会想要回报些什么，就会自然而然地购买他的产品。为了躲避这种人情债，你是否经常不愿求人，抑或先聊些无关痛痒的事情来试探对方？在专业的帮助情境中，受助者会主观地衡量双方关系的进展，若经过几轮沟通，其发现咨询师、教练或者管理顾问实际上是在"卖东西"，便会回过味儿来。

4. 作为受助者，我是否有能力依照建议行事

当我求助时，如果助人者提供给我的信息远超我的期待和记忆能力时，我便会不知所措。尤其是在问路和咨询计算机用法时，这种情况尤为突出。我是该重复地询问这些信息，还是干脆让对方写下来，哪个更省时间？当我不明白别人指的路时，是不是该要求看一下地图？我该如何回应超出我的理解力和执行能力的好意帮助呢？我接下来该怎么办呢？

一次，我的女婿教我使用新手机。他拿着手机按住
"菜单"键，向下滚动到"通讯录"（八个选项之一），然后
单击中间的黑色条目，从展现的名单中找到了我想找的人
名，随后按下绿色拨号键，拨通了对方的电话。这造成了
两个问题：一个是我本不想打那个电话，只是想找到号码
抄写下来而已；另一个是我看到他找到了名字，可还是没
有学会如何找出电话号码。我根本没有机会练习一下相关
步骤，因此完全没记住如何找到菜单和通讯录。

5. 如果考虑财务、情感和社交这些方面，接受帮助的成本是多少

如果一个陌生人同意我搭车到目的地或是帮我拿东西，
我该如何回报呢？当我遇到困难而朋友帮了大忙时，我该如
何报答呢？各种各样的生动故事都告诉我们要知恩图报，即
便当时做不到，日后也要报答，这是受助者的义务。正如许
多故事所描述的那样，助人者愈是位高权重，人情债愈加难
还。在专业的帮助领域，人们为帮助行为支付费用，从而减
少了关系的模糊性，也最大限度地减少了这种人情债的累积。

我们现在能清楚地知晓潜在助人者有可能面临的困境
了——不仅要面对自己的认知盲区，还要意识到受助者也

可能会受困于其自己的认知盲区。因此，助人者首先要应对的挑战是选择扮演一个适当的角色，让双方可以充分地交流相关的信息。

选择角色

当遇到他人求助时，助人者可以在以下三种最基本的角色中进行选择。一般的助人者角色是建立在各种不同的假设基础上的，因而会让双方建立的关系有所不同（Schein，1999）。在类似约见律师、看病这样的专业的帮助场景中，尽管应该提供何种具体帮助已经事先定义好了，但在关系建立的初始阶段，助人者也要先思考一下该扮演哪种角色。在这里要着重强调的是，我们要扮演的是角色，而非职务。我们每个人都具有扮演某一角色的能力，而且会随着情境的需要而不断地做出调整。

助人者可以选择如下三种角色。

- 提供信息或者服务资源的专家角色
- 对问题进行诊断并"开出处方"的医生角色
- 聚焦于如何建立对等人际关系、厘清需要何种帮助的过程咨询师角色

　　前两种角色（专家和医生）之间有一定的重合度，它们是人们非常熟悉的。事实上，在我们所处的文化中，人们对提供帮助这个概念的印象就是扮演专家和医生的角色。在某种程度上，我们在扮演这两种角色方面早已驾轻就熟，因而会自然而然地赋予其很高的价值（这一点在西方尤其突出）。而过程咨询师的角色是含蓄而模糊的：在最初阶段，咨询侧重于人们在给予帮助和接受帮助时的互动过程，而非需要帮助的具体内容或者问题。正如我们前面已经明确的，聚焦于过程是增加人际关系信任度和亲密感的最核心要素。我们深知相互之间留情面是维系与加深关系的基础流程，但我们常常没有意识到的是，为了建立信任，我们必须将这个流程置于所有的帮助情境中，尤其是在与朋友、配偶这样容易有很多情绪的人相关的情境中。其实，在长大成人的过程中，我们早已学会了如何扮演好以上三种角色，然而，一旦我们仔细审视每种角色所包含的假设就会明白，在帮助关系的开始阶段扮演过程咨询师的角色，能使我们发现并消除许多自身的盲区，这一点至关重要。

角色 1　专家角色：提供信息或服务

　　在帮助关系中，专家这种角色是被大家广泛接受的。

与这种角色相关的基础假设是受助者认为专家能够提供信息和服务来弥补自己的不足。这种角色包括从常见的指路人到为解决复杂的管理问题被聘请的咨询顾问，也包括我们可以向其请教个人问题的所谓的专家。本质上，这种角色的权威的存在基础，是受助者假定其具备解决自己的问题所需要的知识和技能。

当企业想聘请咨询顾问来进行管理咨询时，往往都是从专家角度来筛选的。企业方面（通常是组织中某些团队的代表或者经理）界定了一个需求后，若发现组织自身要么不具备解决这个需求的相应资源，要么时间上不允许其自行解决，便会请咨询顾问提供服务并为此支付报酬。例如，管理者可能想了解某些特定用户人群的消费体验、员工对新人事政策的反应或某一个部门的员工士气，咨询顾问就要承担起相应的调查、访谈和分析研究的工作。

"专家"要想真的很好地发挥作用，还要取决于以下条件。

- 受助者对问题的诊断是准确的
- 受助者将问题向助人者和盘托出了
- 受助者认真地评估了助人者提供信息和服务的能力

- 受助者认真考虑过接受助人者的建议后可能引发的变化
- 助人者能客观地研究外部现实，进而向受助者提供可以利用的信息

当上述这些条件都能满足且双方消除了认知盲区时，帮助的效果才会有所彰显。当我们清楚地知道自己遇到的困难是什么且谁能帮上忙的时候，要想获得像维修工、药剂师、财务顾问和各领域相应的专业人士的帮助，其实是很容易的。在日常的和准专业的帮助情境中，专业人士会很自然地施以援手，但是即使是这样，当上述几个条件不具备的时候，助人者和受助者仍有可能陷入前面所描述的陷阱中，从而有可能造成不好的结果。

在问题比较复杂的情况下，若助人者从一开始就扮演专家角色，结果往往不会太成功。管理顾问要面对的具有各种复杂情况的组织中有多少已经具备了上述条件，使管理顾问能够很好地担当为组织出谋划策的角色？这就很好地解释了为什么他们的建议大多无法实施，客户也常会因此而不满。

还要注意到的是，在这样的过程中，客户从一开始就放弃了相当大的自主权。助人者因接受客户委托或者得到

客户授权为其解决问题而拥有提供相关信息和专业帮助的权力，但是一旦形成这样的局面，受助者就会依赖助人者提供意见。专家型的助人者很容易把问题归因于自己擅长的领域，然后给出建议，正所谓"当拥有一把锤子的时候，世界上所有的东西在你看来都是钉子"。客户很容易会被这样的信息和服务误导，偏离了真正能解决问题的方向。当然，专家模式若要成立，需满足一个隐含的微妙的前提条件，即客户自己已经具备了可以用来分析并使用的准确信息。

例如，各类组织常常会采购一些调查问卷，用于了解员工对某些问题的意见，甚或用于诊断组织文化。我在一篇文章中（Schein，2004）论述了文化本身是无法通过调研工具来衡量的，因此通过此类调查管理者得到的不是真实的数据，而是伪装成信息的观点。当我们在寻求与美学、伦理或道德有关的帮助时，会遇到类似的问题。专家们可能很乐意提供他们所宣扬的"知识"，但是受助者必须清楚，这些"知识"未必完备，且专家们往往会各执一词。

那么，接下来要问的问题就是：在帮助过程中，何时是助人者扮演专家角色的恰当时机呢？当助人者的专业知识与"潜在客户"的问题俨然很契合时，其以专家的姿态来帮助对方是合适的。然而，即便是在诸如向本地人问路这种简单的情形中，我们也会惊奇地发现，我们得到的信息经常会让我们感到迷惑，也许是对方的表述太过复杂，让人难以理解（甚至有时信息是错的）。然而，当我们作为助人者给别人指路时，常常会感到自己实际上也不知道怎样才能让对方听明白。因此，我认为在帮助过程的初始阶段，助人者扮演专家角色是很难奏效的。

角色 2　医生角色：诊断和处置

医生角色是专家角色的延伸和强化：受助者不仅会默认助人者可以提供他们所需要的信息和服务，还期望专家能够诊断出问题并开具处方。此时，无论受助者是否明确地提出了这样的期望或要求，助人者都可以选择是否扮演医生角色，这无疑赋予了助人者更大的权力。

在日常生活中，当我们去医院看病，寻求心理医生、教练的辅导以及找维修工帮忙时，这样的诊疗型帮助角色随处可见。企业管理者也经常会聘请咨询顾问，请其对企业某一个领域的问题进行研究诊断并给出改进意见，或者是找出企业需要关注的薄弱环节。助人者（顾问）受聘来发现组织的问题，如同医患关系一样，企业管理者也会期望顾问随后能给出解决方案或者补救措施。

医生角色赋予了助人者更多的权力，任凭他们诊断、处置并管理整个过程。在此过程中，受助者不仅放弃了自我诊断问题的责任，增加了对助人者的依赖度，还心存侥幸地相信这个局外人能够切中要害，手到病除。对助人者而言，这个角色显然是很有吸引力的，不仅能让他们大权在握，还能体现他们的专业能力。由于提供了专业的诊断并开出了补救的处方，助人者可以向受助者发号施令，此外，他们提供的帮助显而易见且实实在在，因而可以名正言顺地收取高额费用。在这种帮助关系中，工作报告、问题阐述、诊断工具和建议尤为重要，它们是助人者带来的价值的佐证。对于大多数咨询顾问来说，这关乎他们工作的本质——如果不能提供一份翔实的分析报告，不能通过问题诊断给出明确的建议，他们就会感到没有尽职尽责。

正如大部分读者基于自身的经历所认识到的那样，尽管医生角色很受欢迎，但扮演好往往困难重重。作为受助者时，我们所有人都有他人提供的意见或建议与我们的实际情况南辕北辙的体验；抑或即便是我们主动请教，但当他人对我们指手画脚时，我们也会心生反感。同样，作为助人者，尽管我们不愿承认，但所有人都经历过自己提出的想法和建议，对方只是礼貌地点头接受，随后便被置之脑后（更糟糕的是，有人会当面拒绝）——这实际上意味着我们并不真正理解他们的情况。客户经常会抵触并贬低我们的建议，指出我们忽略的事实，或者反驳说已经尝试过我们建议的方案，但结果并不理想。要想深刻了解为何会遇到这些困难，我们就要认真分析医生模式成立的前提条件。

满足"助人者可以获得准确的用于诊断的信息"这一前提条件，是助人者扮演医生角色时会遇到的最突出的困难之一。无论是个人还是组织，需要帮助的潜在受助者大都不愿意过多透露精确诊断所需的关键信息。即使是在医疗诊断的场景中，医生也只能依据患者自述的症状来诊断病情并进行处置。只有双方真正建立了信任关系，助人者才能从受助者那里得到真正有效的信息。受助者在初始阶段，可能表现得夸大其词，以引起助人者重视，也可能表现得轻描淡写，以试探助人者是否用心，这两种情形都会使真相被掩盖。无论如何，在双方建立信任关系之前，助人者都不可能准确了解实际的情况。

助人者扮演医生角色时会遇到的另一个同样突出的困难是，受助者很可能不愿意相信或接受助人者提供的诊断结果或者解决方案。我猜想很多公司领导者的抽屉里都有一摞摞不会实施的咨询报告，究其原因，要么是他们觉得这些报告不知所云，要么是他们感到这些报告与实际情况大相径庭。那么，其中到底有什么问题呢？肯定是充当医生角色的咨询顾问没能和客户一起确定一个参考标准用以诊断问题，因而对客户自身特质或者其所处环境的文化制约不甚了解，从而得出了与实际情况不符的诊断结果。如果由咨询顾问自己独自完成全部的诊断工作，而客户袖手旁观，沟通上的隔阂便会让诊断结果和实际情况南辕北辙，那么结果令人沮丧或者难以实施就是可以预见的了。

即使是在标准的医院诊疗情境中，医生也越来越多地意识到，患者不会自动就接受诊断结果或遵从医嘱。在一个跨文化的氛围中，由于不同的文化对疾病的定义以及治疗方式存在着认知上的差异，这一点就更加突出。但即使是在同一文化中，我们也可以看到像治疗乳腺癌这样的疾病时，医生越来越多地让患者一起参与到一些关键决策中，诸如涉及进行乳腺切除或者进行放化疗这样的决策。同样地，在整容手术中，患者对自己容貌的看法和想变成的模样的看法，对于手术方案的制订及成功实施起到了至关重要的作用。

助人者在扮演医生角色时会遇到的第三个突出的困难是与人文体系相关的。总的来说，在任何体系中，诊断本身就是后果未知的干预。例如，进行压力测试、核磁共振检查、心理测试或者与医生的助手进行冗长的以健康为导向的面谈，会刺激患者进行思考，使他们想到生活中可能发生的问题，这会对患者造成影响——患者往往会因为恐惧这些过程，即使有问题也不愿就医。

助人者扮演医生角色时面临的第四个突出的困难是，即使自己给出的诊断和措施是有效的，但由于在问题诊断过程中没有充分考虑个人或者社会因素，受助者可能并没有能力依照建议做出改变。

总而言之，扮演医生角色的助人者能否真的帮上忙取决于下列条件。

- 受助者能否在鼓励下说出准确的信息
- 受助者能否接受并相信助人者提供的诊断和措施
- 受助者能否充分理解并接受诊断过程所带来的后续影响
- 受助者是否有能力依照建议做出改变
- 受助者依赖度上升是否成了最终解决方案实施的促进因素而非阻碍因素

最后一个问题是：何时是助人者扮演医生角色的最佳时机？这取决于助人者何时发现或察觉双方之间已经拥有了足够的信任——只有这时，助人者才能胜任这一更具权威的角色。或者可以说，最佳时机取决于受助者何时感觉到相互之间的关系是平等的，认为助人者所具有的权力和身份是恰当且公平的。正如我在本章开篇处指出的，助人者和受助者往往对很多问题知之甚少，因此要想构建有效的帮助关系，助人者必须先着力于消除这些盲区。

角色 3　过程咨询师角色

过程咨询（Schein，1969，1999）的含义是指助人者从一开始就关注沟通的互动过程。助人者对受助者所提出的具体请求绝不能置之不理，助人者可以先聚焦于沟通时双方的互动，通过关注受助者的举止、语气、气场、身体语言以及其他任何表达形式，捕捉其所传达出的焦虑与信任的信号。此时，助人者的目标是要让受助者感到身份平等，营造出令双方都可以敞开心扉的氛围。过程咨询的本意就是助人者不要有太多假设，要去创造一个可令受助者畅所欲言的环境，同时保障其在这个过程中赢得自己的地位，并与助人者建立信任。在具体行为上，助人者要保持谦逊的问讯的姿态，避免被最初获得的权力地位引诱而坠入陷阱。

根据实际情况，助人者可能只需扮演过程咨询师角色几秒钟或几分钟，就能令所需的专业知识或者诊断所需的信息浮出水面。若新的情况层出不穷，需要受助者始终保持积极主动，助人者可能要长时间扮演这一角色。无论是上述哪种情况，助人者都可通过谦逊的问讯这样的行为体现出对受助者的关心，帮助关系便会逐步建立起来。

这一角色的核心假设是，受助者在受到鼓励后，能够积极主动地诊断问题和思考补救措施——他们才是问题的主人，只有他们才了解问题的复杂性，也只有他们才知道在自己赖以生存的文化中怎么做才能使方案真正落地。很多时候，受助者实际上是可以自己解决问题的，助人者通过做好过程引导的支持工作来实施帮助往往比越俎代庖更有效。这一点在那些旨在帮助受助者提升自我洞察力并自行找出解决方案的心理咨询或治疗中得到了最好的印证。当遇到受助者提出复杂的个人问题或者组织问题时，我们很容易能体会到过程咨询师这一角色存在的必要性。

当潜在受助者直截了当地提出所需要的信息或服务请求时，过程咨询师的作用则不易被察觉。卓有成就的专家和医生都可以列举出许多例子来说明，他们在扮演专家或者医生角色之前是如何扮演过程咨询师的。例如，技术精湛的技术顾问或者汽车机修师总是会先和客户做几分钟的简短沟通，询问具体情况，了解已经尝试过什么方案以及客户有什么期望和担心，之后才会进入专家或医生角色来处理问题。肿瘤医生发现，当面对乳腺癌患者时，要先尽快和患者建立互信关系，这样才能与她们一起讨论最佳的治疗方案。帮助客户进行离婚诉讼的律师则会在过程中一直扮演过程咨询师的角色，以厘清客户的关键诉求。只有双方对一起做出的决定都感到踏实后，律师或者医生才能全身心地进入专家或医生的角色。

由于没有足够重视前面的问讯过程，我曾经给他人带来了本可避免的痛苦。那时，我的一位朋友因为患流感而变得异常虚弱，他让我把他从沙发上搀扶起来。我抓住他的一只胳膊想拉他起来时，听到他疼得大叫："别抓这只胳膊！"原来，他那只胳膊扭伤了，但我完全不知晓。如果我能更加注重行动前的问讯，就会先问一句："需要我怎么做？"他一定会告诉我该搀扶他哪只胳膊。

总而言之，如果遇到下列情况，助人者应该先选择扮演过程咨询师的角色。

（1）无论受助者是经理、朋友、同事、学生、配偶还是子女等，他们往往不知道到底哪里出了问题，需要别人帮助他们诊断出自己的问题究竟是什么。（但是，他们才是问题的主人，也是最了解情况的人。）

（2）受助者往往对助人者会提供哪种帮助一无所知，需要一个过程来帮助他们确认所需的帮助方式。

（3）受助者对如何改善现状有些建设性的想法，但是需要有人帮助他们明确该做什么和如何做。

（4）只有受助者自己最清楚在他们的处境中哪种方案最奏效。

（5）除非受助者真正认识到了问题并想补救，否则他们不太可能去执行任何方案，当未来遇到同样的问题时，他们也不会去思考如何解决。

（6）帮助的最终目的是要让受助者掌握诊断问题和建设性地解决问题的能力，使他们越来越有能力持续改善自身状况。

总结和结论

当我们遇到他人求助时，可以选择专家、医生和过程咨询师三种助人者角色。助人者和受助者在最初对发生的事情的很多方面都一无所知，此时他们之间的人际关系往往是不平衡的，助人者如果一上来就开始扮演专家或者医生的角色，则很容易令双方落入陷阱。因此，要建立有效的帮助关系，需要助人者主动干预，引导受助者进入状态并发现更多有用的信息。在初始阶段，助人者扮演过程咨询师的角色最能提升双方的平等性，从而使双方获得有效的信息，厘清所需要的帮助。只有当双方建立了一定程度的互信关系并找到了关键信息后，助人者才能转换到专家或者医生的角色。在帮助过程中，助人者扮演何种角色应随着具体需要而不断转变。

我现在可以说明一下"助人"的核心主张了：任何助人情境，都必须从助人者扮演过程咨询师角色开始，以便完成以下步骤。

（1）清除双方固有的认知盲区。

（2）缩小双方最初的身份地位差异。

（3）明确接下来助人者扮演何种角色（身份）最适合帮受助者找出真正的问题。

帮助关系建立初期，过程咨询师的核心技能是运用谦逊的问讯。我在下一章中将重点讨论这个概念的含义及运用。

第 5 章
CHAPTER 5

建立和维护帮助关系的钥匙
谦逊的问讯[⊖]

关于如何建立和维护帮助关系这一问题，其答案往往似是而非，究其原因，其概念和阐述都是简单且清晰的，但是知易行难。从建立帮助关系初期开始乃至在整个过程中，影响关系有效性的关键既非受助者遇到的具体困难，亦非助人者的水平，而是双方确定真正所需的帮助的沟通过程。

这个沟通过程要最大限度地让受助者和助人者建立平等的关系，进而确保助人者能为受助者提供名副其实的价值。因为遇到了困难，受助者自身的价值感会降低，感觉自己低人一等，因而会变得很敏感。在美国文化中，这一点更多地体现在男性身上。根据个人经验，我发现男性很难公开承认自己遇到了困难。然而，即便女性在遇到困难时更愿意求助于他人，但其在真正说出口时也会有低人一等的感受。

助人者必须带着支持、给予和提升自我的心态进入"帮助"这个动态过程中。在首次互动时，助人者更是要保有我称之为"谦逊的问讯"的态度——哪怕仅仅是在最初的几分钟去仔细观察和聆听，都可以视为"问讯"。这里的关键之处在于，即使遇到的情况与之前的经历类似，助人者也不能"先入为主"，运用固化的思维。即便是在为他人指路这样最简单的助人场景中，助人者也应花几分钟思考一下受助者需要的帮助到底是什么，提出的需求是否合情合理。正如我在前面章节中所论述的，我们可以把这种问讯更准确地描述为"探究盲区"——鉴于这种探究是真诚的，因而称之为"谦逊的问讯"更为恰当。在此过程中，助人者要保持开放的心态，通过观察和仔细聆听来发现真相。助人者的预设很容易基于其误判或成见，此时只有助人者展示出乐于接受新的信息，才能促进双方建立信任关系，从而让受助者消除由于遇到困难产生的低人一等的感受，放松下来。在众多的企业管理咨询项目中，客户必须建立自信，并相信顾问有可能真能帮得上忙。

为了更好地说明这一点，让我们来看看一些不同类型的帮助情形。例如，回想一下一位女士向我打听如何从我住的西剑桥地区前往马萨诸塞大道的案例。马萨诸塞大道平行于我所住的街道，是一条很长的大道，我无法简单断定问路人该朝大道的哪边走更好。于是，我询问了她的目的地。在我得知她要去波士顿市中心后，便告知她无须再绕道马萨诸塞大道，沿着现在所处的公园大道一直走即可。如果我没有先询问她的最终目的地便直接给出方向，就可能让她绕远了。当然，也可能她得了急症，需要去医院，只知道在马萨诸塞大道上有一所。我如果不询问清楚，就无法了解她到底需要什么帮助。

我们来思考另一个场景，一个十岁的男孩冲到父亲面前说："爸爸，帮我做一下我的作业。"父亲此时不要马上就上手帮忙，而应先询问"你是怎么想的？"，或者说"说得更具体一些"。这样，他会与孩子展开更多的对话，从而可以了解更多的信息，发现孩子的真实想法。再来思考一个场景：当一位术后卧床的患者因要使用医用排便器而需要护士或者护工帮忙时，他们该怎样做才能既不伤患者的自尊又能解决问题呢？他们在扶起患者之前，可以细心地询问患者，"你希望我怎么做？"，或者"你的伤口哪个地方最痛？"，又或者"你想让我扶你哪儿？"，从而充分表达对患者的体贴。

我们再来想象一个关于计算机帮助热线的场景。面对电话那端心急火燎的用户时，接线员（助人者）对用户所具备的计算机知识程度一无所知，因此必须先询问几个问题，判断一下用户懂得哪些相关知识，尤其是那些接线员自己很熟悉但用户听上去像外语一样的相关术语，例如光标、硬盘等。接线员往往会先问几个通用的问题来判断用户的专业程度。有的问题可以很简单，"请再讲具体一点儿""这个问题什么时候出现的？""你之前做了什么？"。

　　我们再来研究一下自杀救助热线。接线员最大的挑战想必是尽可能地延长与想自杀的求助者的通话时长，让求助者能说出有助于重建其自尊的信息。一位心理医生朋友给我讲述了一个这方面最成功的救助案例。他这样在热线中询问有自杀倾向的求助者："你现在真的觉得自己完全一无是处吗？有没有哪怕一个你喜欢的特质呢？可不可以和我聊聊这个特质？"显然，这样做的目的就是让求助者意识到自己最好的特质，借用这个特质帮助其唤醒自尊。

　　通过进一步了解更多的信息，助人者可完成三个重要的任务：①将受助者视为掌握重要事实的人来彰显其重要性，从而建立起受助者的地位感；②表达对受助者所处情境的关切和自己全身心的投入，以此促进双方关系的建立，即便这种关系可能只是暂时性的；③获得关键信息，这有助于受助者厘清思路，采取有效行动。从实践的角度讲，进一步获取关键信息无疑是最重要的。助人者如果忽略了这一步就直接基于主观臆断进入专家或者医生的角色，往往会因过于仓促地给出指导意见，使对方无法理解或难以接受而酿成大错。

问讯的方式

问讯不单单是一种特定的行为，更是一种态度的表达。在现实中如何问讯完全要相机行事：不同的问讯方式会带来迥异的结果，因此"有心助人者"必须意识到，问讯方式的不同会导致之后面临不同的选择余地。即便助人者选择了扮演过程咨询师的角色，其还可以采取不同的方式来扮演好该角色。我认为把问讯分成如下四种方式更有助于我们深刻地理解它。

- 单纯式问讯
- 诊断式问讯
- 设问式问讯
- 转换式问讯

单纯式问讯

单纯式问讯要达成几个目的，包括：帮助受助者建立自我地位感和自信；营造一个可以让受助者敞开心扉，将自己所知所感和盘托出的氛围；尽可能多地收集事件情境中的相关信息；让受助者参与问题诊断并制订行动计划。

在每天发生的"自然而然"的帮助场景中，单纯式问讯的使用概率往往最低，但在诸如企业咨询、心理咨询和心理治疗这些比较专业的情境中，它却是初始阶段的撒手锏。有趣的是，单纯式问讯往往以沉默开场——无须多言，助人者只需要通过身体语言和全神贯注的表情便可让受助者感受到自己准备洗耳恭听了。于是，受助者很容易开始陈述相关情况以及事情的来龙去脉，借此，助人者可以对受助者所具备的知识、技能以及内心是否愿意接受帮助有所了解。如果沉默未能引出更多有价值的信息，助人者可以择机选择下述问题来进一步了解情况。

　　　　"接着说……"

　　　　"说得再详细一点儿……"

　　　　"告诉我后来又发生了什么。"

　　　　"我能帮什么忙？"

　　　　"然后呢？"（伴以期待的目光）

　　　　"怎么成这样了呢？"

　　　　"你能举个例子吗？"

　　　　"你能说说具体的细节吗？"

　　　　"上次出现同样的情况是什么时候？"

　　　　"还有没告诉我的情况吗？"

　　　　"有没有其他事情与这件事情相关？"

　　这里最重要的一点是，助人者不能先有成见再通过提问来核实，这是受助者最不愿意感受到并会竭力抗拒的。所问的问题要尽量避免停留在概念层面，要深入到细节和范例中，摒弃抽象化和泛泛而谈。在问讯初始阶段，助人者要聚焦于事情发生的过程，允许受助者按照自己习惯的方式来梳理关联信息。在有些情况下，为了规避那种"低人一等"的感觉，受助者可能会在质问助人者的同时对自己的情况避而不谈，以此来对助人者进行试探。

　　无论受助者从哪里谈起，单纯式问讯意味着助人者既可频频点头做出回应，也可伴以偶尔的低声应答或者其他形式的回应，以表明自己正在全神贯注地聆听。需要的话，助人者还可以鼓励受助者，"接着说""能多告诉我一些吗？""后来又发生了什么？"，等等。这样做不是为了帮受助者梳理其故事，而是鼓励他们提供所有有用的信息，从而尽可能多地消除助人者的盲区并加深其对事件的理解。人们求助时给出的信息往往是很抽象的，助人者很容易按照自己固有的思维来判断情况，而忽视受助者真正想要表达的内容。因此，让受助者举例是避免发生误判的一个特别重要的方法。"我真希望我能不那么害羞，你能帮我克服吗？"就是很典型的抽象阐述，只有助人者真正理解了对方所说的"害羞"的具体含义，才能真正帮上忙。所以，助人者一定要让对方举例。

受助者的讲述必然会逐渐慢下来直至停止，接下来，助人者再怎么提问也不会得到更多信息了。实际上，受助者可能突然中断讲述并直截了当地询问，"你怎么看这个问题？"或者"我该怎么做？"。这时，助人者一定要避免犯一种错误，即马上进入专家角色并直接回答问题。如果感觉受助者还没到愿意听取意见和建议的时候，助人者可以使用一些其他方法，引导受助者提供更多信息。其中一个方法是，将对话带入另一种问讯方式——诊断式问讯。

总而言之，助人者要引导受助者将事情的全貌尽数呈现，否则无法对实际情况有真正的了解。采用单纯式问讯时，助人者应致力于引导受助者自己判断问题，并思考可能的解决方案。

诊断式问讯

在诊断式问讯中，助人者会刻意地关注受助者没有提及的事情，从而影响受助者的思维进程。助人者提出的问题并不影响受助者陈述事件内容，但是会聚焦于一些具体的因素。在诸如问路这样的简单案例中，如果使用单纯式问讯，助人者就会问"你想去哪里？"，而换成诊断式问讯就会变成"你为什么要去那里？""你是怎么开到这里来的？""在波士顿迷路有什么感受？"。请注意，助人者通过转移沟通焦点，可成功地掌握主动权，但助人者只有在有正当理由并有意识地要扮演这样的角色时，才能这样做。

改变沟通焦点的方式有以下四种。

（1）**关注感受与反应**。在受助者描述发生的事件或问题时，着重关注他的感受和反应。

> "你对此有何感受？"
>
> "当时（现在）它引起你什么反应了吗？"
>
> "你当时（现在）有哪些情绪化的反应？"

需要注意的是，这些问题看上去可能是无意的或者带着支持意愿的，但实质上是具有控制性的，会迫使受助者去思考一些他们没有考虑过或者不愿意思考的事情。因此，这样的问题不仅仅无法增进关系的平等性，反而可能引发受助者的焦虑感——他们可能会后悔自己在事件中做出的反应，或是懊恼自己无所作为。询问受助者的感受，会迫使其进行超出本人意愿的深度探究。

（2）**关注原因与动机**。针对受助者寻求帮助的动机以及事情发展至此背后的原因，提出问题和因果假设。

> "你是怎么开到这里来的？"（问迷路的司机）
>
> "为什么你发现会有这样的问题？为什么现在才意识到？"
>
> "你为什么这么做？"（当受助者叙述了他采取的某些行动后）
>
> "你觉得你当时为什么会做出那样的反应？"（当受助者诉说了他当时的反应后）

这些问题会明确地迫使受助者与助人者一起探究事情的来龙去脉，因此，当情况比较错综复杂并牵扯到其他人的时候，这种问讯尤为重要。通过提出这样的问题，助人者不仅可以强化受助者自身的主导地位，同时还可以提升其自我诊断问题的能力。

（3）**关注采取的行动或者引发的思考**。这种问讯会聚焦于受助者和其他相关人员在事件过程中的所作所为、此刻的所思所想，以及接下来的打算是什么、有何行动计划。如果受助者自己的描述已经涉及这些内容，助人者便可以借机继续探讨，但受助者往往很难自发地在讲述中描述这些内容。

> "你是怎么到这里来的？"
>
> "面对这样的情况，你（他、他们）当时做了什么？"
>
> "到目前为止，你都做了哪些尝试？"
>
> "你接下来打算怎么做？"
>
> "在那之后，他（他们）都做了什么？"

　　行动导向的问题会促使受助者思考一些他们可能疏忽的事情、没有重视的环节，以及为自己或他人的不当行为或无所作为感到羞愧而想掩盖的细节。这样的问题实则在暗示受助者原本他是可以做些什么的，如果他恰恰没有做，就会令他产生罪恶感或者愧疚感。鉴于这样的提问角度会影响受助者的思维，助人者只有在准备主导后续的进程时才能这样提问。在所有的情境中，这些问题之间会有明显的交集，只要时机恰当，既可一次只问一个，也可同时提出所有问题。然而，助人者必须懂得，诊断性问题要求受助者从一个全新的角度重新审视一些事件，因此任何形式的诊断性提问都会改变受助者的思维。从诊断的角度出发，这样的提问可能是十分必要的，但是如果从建立平等关系的角度看，此举可能是具有破坏性的，会让受助者放弃自我掌控，变得对助人者更加依赖。

（4）**关注系统性问题**。受助者所描述的情节一般都会涉及其他人，包括家人、朋友、老板、同事或者下属，而问题往往也和这些人的言行密切相关。受助者对其他相关人员在事件中的反应和行为会有自己的想法，若助人者觉得有必要去了解这一点，可使用被家庭心理咨询师称为"系统式"或"循环式"的提问方式。如果当下的问题涉及其他人，助人者询问其他相关人员在事件情境中的所思所想、感受和行动，便可帮助受助者澄清问题。例如，当配偶让你帮忙挑选一件见老板要穿的衣服时，你可以说："你穿这件衣服，同事们会有什么反应？"如果是咨询顾问帮助管理者应对一个比较棘手的下属，咨询顾问可以问："如果你对他强硬一些，团队里的其他人会做何反应？"

用这样的方式提问，是为了让受助者建立自己诊断问题的能力，同时对自己的行为及后果有更清晰的思考。因此，在与受助者围绕建议、意见和措施展开讨论时，助人者可以使用系统式提问，以帮助受助者检验这些建议可行与否。助人者还可以在建议时补充："嗯，这件事你可以做，你觉得如何才能获得团队的支持呢？"请注意，这已经不仅限于询问"你感觉这么做怎么样？"了。

以上这四种诊断式问题可引导受助者的思维，并且能够提升他们的自我觉察能力。然而，这些问话仍旧停留在提问的状态，未隐含任何特定的解决方案。接下来要谈到的设问式问讯则是带有冲击性的——助人者通过对话所产生的想法，虽然基于受助者所描述的事实，但是是他们没有想过的。

设问式问讯

设问式问讯的核心是助人者在对话中加入了自己对事情的情形或进展的想法：助人者会给受助者出主意，提出一些出乎他们意料的想法，而不是鼓励他们自己去细说实情。这样的干预表明助人者已经进入了专家或医生的角色，因而只有在助人者确定与受助者之间已经建立了足够的平等互信关系且能够进行充分的有效沟通时，才能使用这种方法。其实，想要达到这个状态，并不需花费太多时间。以我自身的经验来看，在很多情境中，如果我和受助者之间一直保持着良好的关系或者达到了所需的信任水平，我就会立即进入专家或医生的角色。

"那是否让你感到愤怒？"（一般用在受助者
谈到一些关键事件的时候。请留意这种问题与
"那让你有什么感受"那种问题的区别——包含
了更多的预设，受助者可能并没有感到愤怒）

"你为此和他（他们）直接起冲突了吗？"

"你能这么做吗？"（接着给出一个具体建议）

"你这样做是不是源于自己的焦虑？"（这种
问题一般在受助者没有做出任何情绪方面的表
达时提出）

我们前面提到的几种问讯方式，都是助人者在受助者
自己的观念和情感认知范围内进行引导，而设问式问讯引
入了新的想法、概念、假设、可能性等，受助者不得不马
上做出回应。这种方式是否可取，取决于是否会让受助者
因此而更加感到低人一等。

即便双方建立了平等而舒适的关系，助人者也不应过
分强调这类干预的力量，因为这样做实际上是强制受助者
偏离自己最初描述的情形，受限于助人者的思维框架。这
种方式的危险之处在于，受助者因忙于应付助人者提出的
新概念，无暇进一步回忆细节并分享想法，真相也就难以

浮出水面，从而带来负面的影响。因而，运用设问式问讯
的关键是要确定情境是否恰当、时机是否合适以及使用方
式是否合理（我将在后面做进一步探讨）。

转换式问讯

无论任何时候，助人者都可以将受助者的注意力从其
所描述的过程和事件上转移到当下双方的互动上。如何措
辞可以视实际情形而定，但目标都是让受助者意识到这种
互动的存在，而且可以对其进行分析。

> "你觉得我们之间刚才发生了什么？"
>
> "你认为我们的谈话进展得如何？"
>
> "你对咱们的问题讨论还满意吗？"
>
> "我们跑题了吗？"
>
> "我的提问对你有帮助吗？"

转换式问讯有时会与其他方式的问讯混合在一起。例
如，"这时候发生了什么？"其实也是单纯式问讯；"你为什
么选择用这种方式告诉我呢？"既是诊断式问讯也是转换式
问讯；"你这么描述这件事，是想考验我吗？""我不明白你

为什么回避一些具体细节"则是设问式问讯和转换式问讯相结合。转换式问讯的威力在于使受助者聚焦于双方的关系本身，对助人者想了解对方如何看待自己、彼此是否建立了信任尤为重要。

各问讯方式适用的场景

依照助人者参与受助者的事件的程度，我在前面依次列出了不同类型的问讯方式。一种极端的情况是，助人者让自己处于被动且专注的状态，给受助者提供足够的空间；与之相反的另一个极端情况则是，助人者迫使受助者去检视自己过往和当下的行为。当助人者从单纯式问讯转变到诊断式问讯，再到设问式问讯、转换式问讯时，受助者会产生抵触情绪，其想破坏或推迟建立帮助关系的风险都会随之升高。为了使受助者建立自信，同时呈现助人者的开放性，最好的方式就是助人者在初始阶段先使用单纯式问讯，直到受助者的语言或行为表现出足够的信任时再转换到诊断式问讯和设问式问讯。

当助人者以单纯式问讯展开沟通时，真实的信息会很快浮现出来，同时受助者会摆脱低人一等的感觉。接下来，助人者就可以通过自问以下四类问题来决定让交流如何继续下去。

（1）在与受助者对话时我的感受是什么？我是放松的吗？我真的听懂了让受助者感到困扰的事情了吗？

这些问题并不存在标准答案，只是关乎仔细观察受助者的行为、语气和身体语言后产生的感受。如果助人者觉得自己并没有真正了解问题的全貌，就需要让自己继续进行单纯式问讯。

（2）我们能有多长的沟通时间？情况是否比较紧急？我必须在获得充分的信息之前做出猜测吗？

如果助人者觉得时间有限，就可以马上问一个转换式问题，例如"你必须在短时间内解决这个问题吗"，或者"我们可以先多聊一会儿再考虑解决方案吗"。

（3）我与受助者现在的互信关系到了什么程度？

在专业的帮助关系中，受助者往往会认为助人者是训练有素的，因而助人者应该更多地使用单纯式问讯。而在日常的帮助关系（对方是朋友、配偶等）中，助人者往往会认为信任程度很高，很容易就直接采用诊断式问讯、设问式问讯甚至转换式问讯。如果双方之间的关系是模糊不清的或者助人者会收取费用，不管是否接受过正规培训，只要不是需要立即采取措施的紧急情况，助人者都要以单纯式问讯开启对话。

（4）根据当下的直觉判断，我现在最应该关注受助者的什么？他是否已将情况和盘托出，让我可以开始和他一起诊断问题了呢？我应该问他一些设问式问题吗？现在是给出问题解读和行动建议的最佳时机吗？

这里的关键是助人者要始终保持足够的自我洞察，以确保做出的判断是基于受助者对事实的描述，而不是基于助人者过往的经验。受助者经常会在只看到受助者描述的冰山一角时就以为已经了解了事情的全貌，然后急于给出结论和建议，从而错过了包含真相的关键信息。如果在经过理性的审视后，助人者决定要直接提供解决方案给受助者，那么他还有两个因素需要考虑——选择建设性时机和把握与情境相符的分寸。

选择建设性时机

单纯式问讯可能会让双方的互动进入一个顺其自然的状态，这时助人者需要找到合适的时机进行适当的引导。当受助者生动清晰地讲出了事件中明显的关键信息时，助人者就可以判定是时候寻找机会转移沟通焦点了。换句话说，选择转移注意力和改变角色的时机时，助人者要严格依据受助者所描述的事实，而不是自己的主观想法或感受。特别是在决定从单纯式问讯向诊断式问讯或设问式问讯转换时，时机的把控尤为重要。有时在帮助过程的最初几分钟里完成这样的转换最适合，有时则需要在整个互动过程中都采用单纯式问讯。助人者通常会根据他们所听到的情况以及由此产生的反应，在这三种问讯方式间来回转换。然而，并不存在一套简单的准则可以用来确定转换的时机。如果受助者提供不了从单纯式问讯转换到其他问讯方式上所需要的清晰信息，那么，助人者最好停留在过程咨询师的角色上。

此外，助人者不可能是一台被动的问讯机器，在聆听的过程中，其很可能产生强烈的情感和想法，这些情感和想法往往可以帮助受助者更清晰地理解自己所处的情境。一旦感到时机成熟，助人者可以冒点儿风险，抓住机会提出新的洞见、新的替代方案以及看待问题的新视角。在很多案例中，我们会看到，可能是时机不对，也可能是干预的程度有误，这种伺机行事会产生错误，从而令双方的关系紧张——受助者继而可能拒绝接受助人者的帮助。在这种情况下，助人者要意识到，受助者的反应表明助人者可能犯了错误，而且极大程度上展现了受助者对此类干预的反应模式。换句话说，问讯过程中所发生的一切都是了解受助者的机会。

在沟通时，我们常会犯错误，有时是词不达意，有时是方式不当或者时机不合。我们应该认识到，这是我们学习提升的机会，要允许自己犯错，不要因此而气馁。我们可以吸取教训，例如"表达观点的时候要严谨些"，或者"不要轻易预设，要察觉到自己的盲区"，但是我们必须超越这些教训，反问自己从情境中收获了哪些新信息。受助者针对我们的错误做出的反应，通常可为我们提供两个维度的信息：一类是与我们自身相关的，让我们思考可以有哪些不同的做法；另一类则可让我们更了解受助者，了解他们如何思考以及做好了怎样的准备。

把握与情境相符的分寸

助人者该如何给予恰当的反馈要视情况而定，难有一定之规。在评估人际关系的亲密程度以及所处的情境时，人们会高度依赖觉知和感受。值得注意的是，助人者始终要致力于帮助受助者建立地位感，给受助者留面子，同时，助人者还必须了解对方内心脆弱和敏感的部分，尽量避开或富有同理心地去应对。

让我们再来研究一下就医的患者。助人者（医护人员）首先要做的就是展示出专业的态度，并一视同仁地对待患者。若医护人员能与患者保持一定的距离感，则可以让患者在遇到一些不常见的尴尬情形时不会太当真。在治疗中，身着病号服的患者往往不可避免地要暴露身体，这会让他们感到尴尬。这时，护士若无其事地将视线移开，则会消解患者的尴尬。但是，如果护士发现患者确实需要帮助，她实际上会采取另一种方式，像哄小孩儿一样地对患者说："我再给你拿件病号服，我可不想你曝光在大庭广众之下。"

另一件助人者能做的事就是，对受助者自己解决问题的行为给予及时的肯定。例如，当医生对能忍痛抬起自己病腿的患者说"你做得真好"时，就是在帮患者强化因患病而失去的迫切需要恢复的掌控感。在任何情形下，无论受助者的行为多么具有挑衅性，助人者都必须杜绝表现出不耐烦或厌恶的神情。当然，给予正面鼓励也要恰如其分，不要像我的计算机顾问那样，每次我敲下回车键就夸奖我一次，这让我感到被轻视了。

　　从一种问讯方式转移到另一种时，助人者必须意识到，自己所扮演的角色也要从过程咨询师切换到专家或医生。尽管诊断式问题、设问式问题以及转换式问题都是问题而非断言或建议，但提出问题类型的不同，表明助人者在不同的角色间进行了切换，会行使不同的权力。因此，只有在助人者观察到双方之间已经建立了平等的关系时，才能做这样的转换。在很大程度上，这要凭借助人者自己的判断：前提是助人者感到双方目前的沟通很顺畅，并且有足够的信任可以包容一些差错。毕竟，诊断式问题和设问式问题常常有可能冒犯受助者，没有一定的信任基础，错误的问题可能会无可挽回地损害互信关系。

　　例如，在英国塔维斯托克研究所[⊖]组织的高级经理敏感性培训小组中就发生了下面的事件。通常，这类培训由一名训练有素的引导师组织小组讨论，同时辅以演讲和全体会议。该方法可使小组规模降到最小，以便小组成员们可以更好地从自己的行为中学习。小组讨论的引导师往往是经过培训的心理咨询师或心理治疗师，他们会对小组成

　　⊖ 塔维斯托克研究所，总部设在伦敦，源自 1921 年塔维斯托克侯爵资助的一个心理学研究项目（项目内容是评估第一次世界大战幸存英国士兵的心理状况）。此后，塔维斯托克作为组织发展的重镇，拓展了欧洲组织发展研究的深度和广度。——译者注

员进行仔细观察，偶尔也会提出问题或进行干预。某次，有一个小组拒绝了引导师的建议，这使得引导师抱怨道："现在组里所有的人都在针对我！"该小组的一位学员被这种"婆婆妈妈的心理学"激怒了，于是取消了所有的后续课程。

总结和结论

本章论述了如何通过积极而谦逊的问讯过程改善帮助关系引发的一些不确定的问题，包括：①让受助者自己把握方向，帮助他们成为解决自身问题的积极行动者，重新找回自己的"地位"；②帮助受助者重建自信，让他们相信在一定程度上可以通过自己的力量摆脱困境；③尽可能多地挖掘信息，让助人者和受助者可以依此做出判断。单纯式问讯不仅仅关乎全神贯注地聆听，还关乎受助者在求助时所涉及的社会和心理动态，助人者要了解不同的问讯方式对受助者心理过程的情感影响。

问讯可以分为四种类型：①单纯式问讯，只专注于受助者描述的事情本身；②诊断式问讯，引发受助者的情感表达以及对因果分析和备选方案的思考；③设问式问讯，加入了助人者自身对事件情况的主观判断；④转换式问讯，聚焦于与受助者此时此刻的互动。

助人者何时采用哪种类型的问讯更恰当，取决于当时的环境氛围及具体活动。最为重要的时间点是，在双方的关系中，助人者何时感受到受助者不再觉得自己低人一等。助人者和受助者实际所扮演的角色，会随着情境的变化而变化，但只有通过问讯的过程使得助人者和受助者各归其位，彼此接纳，双方才能真正建立相互平等的关系。这个过程可让他们建立可以共事的心理契约，明确彼此的社交价值和各自的角色。在帮助关系建立的初始阶段，单纯式问讯是最常用的，它能引导受助者表达自己的预期，也能让助人者展示出自己接纳和支持的态度。一旦受助者成了解决问题的积极行动者，助人者就可以运用诊断式问讯、设问式问讯以及转换式问讯，将沟通带至更深的层次。

在掌控问讯的过程中，助人者把握干预的时机至关重要：助人者要在受助者的接受度和引导时机之间寻找平衡。在这个过程中，助人者会冒些风险，且不可避免地会产生失误。但这也是一个难得的契机，让助人者可以更多地了解自身、摸清情况，发现受助者对各种干预的反应模式。我将在下一章中更详细地论述该如何把握这一点。

第 6 章
CHAPTER 6

问讯过程的应用

在本章中，我将举例论述问讯是如何在助人的过程中发挥关键作用的。在每一个案例中，我都会尽量展示各种帮助情境中的社交互动过程，同时提供详尽的分析来强调其中的经验教训。表 6-1 列出了案例简介，你可根据自己的兴趣阅读。

我会从一个假设案例开始，对日常帮助场景中双方的互动进行细致的分析。此案例中所谈及的帮助需求相对来说是很简单的，但是其所反映的社交互动过程适用于所有的帮助过程。接下来的两个案例来自我和他人一起参与的一个咨询项目。作为其中的一名咨询顾问，我从项目中体悟到的是，看似简单的问讯却可以带来超乎想象的影响。其后的案例，描述了我帮助一位同事分析他的助人行为为何难以奏效，借此我阐明了不同问讯方式之间的相互作用。最后的两个案例讲述了助人者照顾一位身体虚弱的需要在各方面长期得到支持的受助者的经历。

表 6-1　案例列表

案例序号	案例简介
案例 6-1	通过细致入微地分析配偶中的一方需要帮忙倒杯茶这样一个场景，展示了日常生活中的帮助关系可能产生的陷阱
案例 6-2	展现了团队会议中一个平常的提问所起到的积极的帮助效果（Schein，1999）
案例 6-3	展现了助人者如何通过提供过程咨询的专业服务帮助一个团队重新设计会议安排（Schein，1999）

（续）

案例序号	案例简介
案例 6-4	通过叙述如何帮助一位同事成为更好的助人者，说明问讯过程的复杂性（Schein，1999）
案例 6-5	通过阐述医院在患者出院时提供的无效帮助，说明主观臆断在助人过程中的负面影响
案例 6-6	通过讲述长期照顾关系中不间断的帮助行为，说明助人者在照顾他人时需要灵活地转换不同的角色

案例 6-1 日常生活中的一对一帮助

一个冬日的寒夜，我和妻子正舒适而安静地坐在壁炉旁。我刻意保持沉默，不想打破我们共同创造的静谧和安宁。如果妻子这时突然发声，让我去给她倒杯茶，便会打破这份平衡，也会改变使我们再次达成平衡的介质。当她让我帮她拿东西的时候，就暂时地放低了自己的姿态，而她营造出的帮助情境，会迫使我立即做出响应。倒杯茶是相对微不足道的帮助请求，但其包含的互动要素与人们寻求建议或者安慰时的是一样的。

依照前面讲述的逻辑，当听到妻子让我帮忙倒杯茶时，我应该做的第一件事就是花一秒钟思考一下她这个要求背后的真实需求是什么，同时让自己调整到谦逊的问讯的态度，扮演过程咨询师角色。这听上去似乎很麻烦，但实际上只需

119

和她确认一下，她是真的只想喝杯茶，还是想借此邀我谈些更重要的事情。这时候，有好几种单纯式问讯的问题我都可以使用。

- 我可以转过身带着问讯的目光看着她，等上 5～10 秒钟，如果她没有再说什么，也没有其他暗示，就说明喝茶是她的真实需求。
- 我可以直接问她："是不是发生了什么事情？"
- 我可以问她："想喝什么茶？需要浓一点吗？"
- 我可以问她："是渴了吗？"
- 我可以问她："泡茶用新壶还是今天早上用过的那个？"

这么做的目的在于转换一下对话角度，如果有新的信息，它们就会浮现出来；如果没有，我当然可以去给她倒杯茶，她则会以一句"谢谢"作答。至此，这个帮助过程就完成了。如果我发现她其实是有心事的，喝茶不过是一个引子而已，我们就可以转到这个新话题上，根据情况需要，我会将自己调整到专家或者医生角色上。因为我们之间存在着信任关系，所以这样的转换可以立刻进行。当能全神贯注并将心态调整到准备给予帮助时，我就能理解她的真正意图，然后再决定是继续保持过程咨询师角色还是转换到其他角色。如果提出请求的受助者是我不太熟悉的访客，我就该用更长的时间保持在过程咨询师的角色上，直到我们彼此建立信任关系。

可能遇到的问题

要注意的是，当妻子请我帮忙倒杯茶时，我绝不能不理不睬地不做任何反应，否则会被误解为我对她漠不关心或者不愿意帮忙。如果我一直默不作声，妻子就会认为我不是在拒绝她（这会令她痛苦）就是根本没有听到她的请求，还有可能是我闭着眼睛睡着了。总之，她会立刻寻找原因。如果最后发现我是佯装不知，她随后就会想方设法地找回平衡。

那么，接下来她会怎么样呢？她可能不想倒茶的事儿了，会在心里认定我是自私的，以此来降低我在她心中的价值感。当然，她也可能怒气冲冲地自己起身去倒茶，这个行为会提升她的自我价值感，觉得不需要依赖我，可以自己搞定。无论是哪种情形，我没有响应帮助请求（既没能提供帮助，又无法给出合适的理由），都会伤害我们之间的互信关系。总之，受助者最终会找回自己的平等感，通过降低潜在助人者在自己心中的价值感来找回自己丢失面子的损失。她这个倒茶的请求本是人之常情，若我不予理会，会让我看起来不近人情或者粗鲁无礼。

　　我当然知道对她的需求不予理睬会令她难堪，这种视而不见的行为也会让我很没面子，因为她会觉得我不够体贴或者不讲道理。因此，保持沉默肯定不是一种恰当的回应方式，那么我到底应该如何回应呢？对方又会怎么解读这些回应方式呢？

　　假设那天晚上，我因白天打了网球而浑身酸痛、倍感疲惫，实在不想起来去帮她倒茶，那么我该如何表达才能既显得我乐于助人，又能保持我们之间的关系完好无损？怎么做才能让两个人都觉得有面子？即便当时不能马上去帮忙，我也必须先说句话来表示自己是乐于帮忙的。我可以说"我过几分钟去倒"，这既表达了想帮忙的意愿，也给自己赢得了一点时间。我还可以给出一个合理的理由，"我这条腿还得歇几分钟"，这就向她透露了新的信息，她可能因此收回自己的请求。

　　这种回应的关键之处在于我既认同了对方的请求，又满怀尊重地予以了回应；我不仅很好地维护了我们之间互信关系的平衡，而且把决策权重新交给她，让她有机会依据新的信息，重新考虑一下。如果她继续沉默，就说明如果我不帮忙倒茶，她仍旧感到不悦，我会因此而不安，于是会做进一步的解释并赶紧行动。最可能的情况是，她听到新的信息后，会接受那个理由，内心回到平衡状态。为了维护彼此的关系，她也许会礼貌地表达，"没关系的，我可以一会儿再喝""没事儿，我也不是非要喝不可""对不起，我不知道你累坏了，我可以自己来"。无论是哪一种反馈，都可让这个帮助过程形成闭环，也可使双方回到最初的融洽状态。然而，要注意的是，如果无法满足这个请求，我会给妻子留下一个不良印象，让她觉得在自己需要帮助的时候，我并不是每一次都能立即响应，使她有所依赖。

我为什么要剖析这样一件看似鸡毛蒜皮的小事呢？因为无论是倒一杯茶，还是进行心理辅导或管理咨询，起因都是请求帮助，其中的隐性过程是相同的。任何人在收到帮助请求时，都要清楚这个请求背后的社交互动过程已经在发挥作用了，被求助人的反应会立刻影响到彼此之间的关系。

在上面的例子中，问讯和过程咨询的部分也就占用了不到 5 秒钟。如果妻子在书桌前喊我，"你能过来帮我看看这个邮件怎么发出去吗？"，我需要进行的问讯的模式是一样的，然后我可以一直进行单纯式问讯，也可以充当医生的角色——站在她身后判断情况，然后替她搞定，在她致谢后离开。无论如何，最初的响应过程都是一样的，都需要一些问讯，接下来助人者要扮演哪个角色要视受助者的反应而定。

案例 6-2　一个平常的提问的意外效果

多年以前，我曾经和一个非常年轻的团队一起工作，参加他们每周五的例会，我的任务是帮助他们提升会议的有效性。我发现，在两个小时的会议时间内，这个工作努力的团队甚至每次都不能讨论完所拟定的十多个议题的一半。我尝试了各种方法减少那些毫无结果的争论、不礼貌的打断或者与议题无关的东拉西扯，但是都无济于事。团队的成员会认真听取我的指导并感谢我指出他们的不当行为，但是在行动上他们没有任何改变。

在经历了很多次这样令人沮丧的会议后，有一天，我无意间问起每次的会议议程是由谁制定的。他们告诉我是总裁秘书制定的，就连总裁自己也这么说。与此同时，所有人都意识到，自己并不清楚她是依据什么来制定这个议程的。于是，我们邀请她来到会议室进行说明：她先通过电话与每位高管沟通，然后按照沟通的顺序，将他们想讨论的议题列在议程上，上周未来得及讨论的议题则放在后面。毋庸多言，团队立刻决定要让她按照议题的优先级来重新制定会议议程，这样可以先搁置甚至忽略那些不重要的议题。从此，会议的质量大幅提升了，每次都让大家感到有成果。我真诚且不带任何预设地提出的关于议程来源的问题，竟然是对该团队最有帮助的，而我不过是成功地发现了自己的盲区。

案例 6-3　转换至设问式问讯

案例 6-2 中的那个年轻的团队后来认识到，仅按议题的优先级制定议程并不能解决加班加点的问题，消除不了完不成工作所带来的挫败感。其中一些成员指出，通过优先级排序，议程中的议题可分为两类：一类是需要立即予以重视的，另一类则是类似长期政策及战略这样的需要更长时间、更深层次的讨论来确定的。那些火烧眉毛的问题往往需要马上处理，而且讨论这些问题会占据会议的大部分时间，团队因此就没有时间再深入讨论那些重要的政策问题和战略问题了。一位团队成员建议，可以选择一周的会议主要讨论紧急问题，将重要的政策问题和战略问题放在下一周讨论。换言之，就是把例会分成两种不同类型的会议。

这个建议让我产生了转换为医生角色的想法。我知道，在他们纠结已久的会议技巧方面，我比他们更有发言权。因此，我转而抛出一个设问式问题："在周五下午深入讨论那些棘手的政策问题或者重要的战略问题，你们觉得精力充沛、时间充裕吗？"提出这个问题的一部分原因是我真的不确定，另一部分原因则是我想以这种方式提醒他们，基于我对他们的观察，他们是没有足够的精力在周五下午讨论这类问题的。但是，有几位成员认为，如果用整个会议的两个小时甚至是三个小时讨论这些问题，是可行的。

我早就发现每次他们来总裁办公室参加会议的时候，思想往往还陷在自己的工作中，无法专注于政策问题和战略问题的讨论，更谈不上有创造性地参与了。基于前面几个月的磨合，我感到他们对我有了足够的信任，于是便进一步追问："如果在办公室以外的地方专门召开政策或战略研讨会以免于打扰，你们觉得效果会不会更好？"

这个提议立即获得了广泛的认同，进而引发他们开始讨论如何设计每个月度的外出会议（无须我再说什么了）。我所做的就是通过设问式问讯拓展了这个团队对时间、空间管理的思考维度，最终，外出月度会议的整个设想完全源自他们自己。

在随后的几个月和几年里，该公司各个部门和分公司都形成了外出举办例会的传统，但人们早已忘记了这一切是如何开始的——团队得到了帮助，却不记得是以何种方式得到的。

案例 6-4 帮助同事成为一个更好的助人者

我的一位同事吉姆找我帮忙分析一下，为什么他最近的四个咨询项目都以失败告终了。他的主要工作是就如何有效地组织公司的信息功能为经理们提供建议，他的客户都认为他是这方面的专家。谈话开始时，我请吉姆告诉我项目的情况，并以单纯式问讯启发他。大约15分钟后，我便清楚了，他与客户之间的模式完全是"医患模式"。他觉得自己做了仔细的诊断并给出了明智的建议，但是令他百思不得其解的是，他的建议总是很快地被否定。

在讲述事情的过程中，他很自然地流露了很多情绪反应，所以我不需要再专门询问他的感受。因为感到困惑和力不从心，他有些不知如何是好。这时，我有种强烈的冲动，想要缩短问讯过程，直截了当地告诉他我的判断：可能是他的处事方式激活了客户的防御机制——他总是在完成问题诊断后，在有不同层级管理者参加的会议上，激烈地给出批评性的结论，完全没意识到当着下属的面批评领导者会带来什么影响。

127

然而，我意识到，我如果不给他留面子而直接批评他，我就犯了和他同样的错误。这样的方式势必会让他感到颜面尽失，从而增加激活他的防御机制的风险。

我克制了自己想要说教的冲动，取而代之问了一个诊断式问题："你认为他们为什么没有采纳你阐述的方案？"潜台词就是："你觉得为什么会出现这种情况？"这样问旨在让他聚焦于整个事件的经过，从而激发他和我一起来对问题进行诊断。他很快就想出了一种可能性，即客户不喜欢听到他人对自己的负面评价，产生那样的抵触也是很正常的。他没有意识到，他自己决定汇报的内容和形式可能是造成对方有所抵触的另一个原因。然而，他的分析让我们明确了他有哪些盲区，我可以开始引导他探究实际发生的情况了。

问对方"为什么"这个问题具有强大的干预能力，因为它可以让受助者关注其自身习以为常的做事方式，从一个全新的角度进行检视。认真地挑选出用"为什么"发问的话题，助人者就可为受助者创建一个完全不同的思考路径，让他收获新洞见。对助人者而言，一个最重要的选择就是要关注哪个角度：①受助者为什么会这么做或者不会这么做；②事件中的其他人为什么这么做或者不这么做；③发生的事情对受助者自己或者其他人有哪些影响。我当时认为最好的选择是让吉姆自己诊断一下客户的反应，尤其是为什么 CEO 对他不满意。

在思考为什么会收到负面反馈的过程中，吉姆谈到了一个让他最为难堪的会议——在那个会议上，CEO 在听了他的陈述后当面就反驳他。会议上，在吉姆指出公司文化与其所传达的长期发展目标不一致后，CEO 直接指出这已经超出了他的任务范畴，并说从没委托过吉姆评价公司文化。CEO 还提到，作为公司的创始人之一，他自己一直亲自定义并打造了公司文化。吉姆感到很难堪，当众向 CEO 道了歉。但是，让他惊讶的是，另外几个管理团队成员会后来找他，表示他们觉得吉姆对公司文化问题的判断是准确的，也是非常必要的。

反思进行到这里后，我决定进一步聚焦于吉姆都采取了哪些行动，于是便问了几个行动导向的问题。这类问题不仅可以推动进一步的诊断，还可以揭示受助者的思考路径以及更多的行动选项。我问吉姆："为什么那位 CEO 会做出那样的反应？"令我感到意外的是，吉姆竟然想不出其中的原因。于是我换了一个角度，接着问吉姆："你为什么觉得自己应该当众道歉，你觉得自己做错了什么？"实际上，我是借这个问题测试一个假设——吉姆应该在会议前向 CEO 单独报告他的研究结论，评估 CEO 对于批评公司文化会如何反应。然而，吉姆给出的答案只是一味地强调对自己所犯的错误很自责。于是，我决定采用设问的方式进行干预，我直接问吉姆："为什么没有在会议前去和 CEO 沟通一下你的分析结果？"

请注意，在问出这个问题时，我第一次表达了我对这个情境以及可能发生了什么问题的想法，这会促使受助者去思考事件中的另外一些因素，因此此时使用设问式问讯是合情合理的。我也可以这样问："你想过需要先单独和 CEO 讨论一下公司文化方面的调研结果吗？"为了让受助者更容易接受，也可以在问题中提供多种选项："你是否想过要事先找 CEO 或者其他管理团队成员初步交换下意见呢？"

吉姆对我的问题的回答恰好展示了点到他人盲区时可能引发的风险。他情绪激动地说："我当然事先去找 CEO 单独进行了沟通，向他讲解了同样的内容，但是很显然，我没做到位，没能向他清楚地表达我的观点。"事实上，让吉姆不悦的是，CEO 私下不说出自己的想法，却在**公开场合**给出了负面评价。

这时，我意识到我的问题实际上是设问式的，该问题的前提假设是他不知道应该先和 CEO 单独沟通。这是我的一个失误，我预先假定了他没有如此行事，而不是先简单问一下他是否做了。吉姆又一次受到了批评，并产生了对抗情绪，他的情绪反映了我的错误。但是与此同时，新的信息浮现了，让我可以更好地思考接下来该怎么做。我仔细地分析了我的提问方式以及造成失误的根源，诸如时间压力、缺乏耐心以及傲慢自大。同时，我也了解了这个项目的更多细节，并发现吉姆有对自己过于求全责备的倾向。我奇怪为什么他会在叙事过程中漏掉了这么重要的环节，这也让我认真思考，在他脑海中什么重要、什么不重要。事实证明，设问式的干预举措，对于自责心态造成的情形的确很有帮助。

在吉姆阐述了即便他事先和 CEO 进行了私下的沟通但在公开场合还是遭到了反对后，我提出了一个新的假设：这件事的核心问题可能是 CEO 对他人当着自己下属的面儿批评公司文化感到尴尬。吉姆对我的这个想法表示认同，但是他认为整个管理团队应当是一体的（看来吉姆对 CEO 与其下属之间的地位和权力的差别并不敏感）。他又激动地强调，作为一名咨询顾问，无论会议中在座的有哪些人，他都有义务尽可能清晰、客观地反映在访谈中发现的问题。他这种对专业水准的严苛要求，俨然已经大大超过了他对客户运转体系的感知。

这件事给我们的启示是，错误往往是难免的，关键是如何从中汲取教训。另外，我们还要区分清楚想法本身的错误与表达的时机及方式的错误。我判定问题是在 CEO 身上这个想法是正确的，但是在错误的时间以不恰当的方式提了出来——我错在用了不必要的对抗式的设问式问题，并只做了一种假设而不是考虑多种可能性。

感受地位平等

随着对话的进行，我感觉到吉姆变得越来越愿意跟我一起推测到底出了什么问题：尽管仍然对那位 CEO 耿耿于怀，但他开始开放地去审视过去发生的那几件事。这表明我们之间的关系开始变得平衡，吉姆变得更独立且坚强，这也让我可以更多地使用设问式问题。当助人者感知双方的关系进入了一种平稳的状态时，就可以将对话引入更深的层次，这时候受助者已经转化成了一位主动学习者，希望得到更多的收获，因此不会有情绪化对抗的风险。"促膝而谈"并不意味着双方地位要完全平等，而是指他们之间的默契及依赖的程度、助人者应当扮演的角色、受助者感受到的被接纳程度等一系列要素应符合双方的期望。任一方都乐于付出或接受，同时觉得彼此之间的沟通是清晰且准确的。

双方这时发出的这种信号是很微妙的，受助者会更加主动地分析自己的问题，语气也会有所改变，讲述事实时更有主见。这样，他对自己或他人的责备会减少，客观分析会不断增多。受助者与助人者在一起进行分析、判断、找出问题根源的过程中，会逐渐产生团队合作的感觉。随着我和吉姆之间的沟通更加深入，他逐渐减少了顾虑，更加客观地探究四个项目的工作过程中究竟发生了什么，而这给了我勇气，我提出了更多的不同观点。

吉姆在叙事中呈现的处事模式让我坚定地认定，他在咨询项目中一直都是在扮演出色的专家、医生、诊断者的角色，正是由于要显示他在专业领域所拥有的高水准，他对与受助者之间的互动过程缺少必要的敏感度。于是，我决定不再进行问讯，而给他更加直接的设问式的反馈，看看他是否愿意直面自己爱充当专家的现实。我知道他了解我所定义的不同咨询顾问角色之间的差别，因此我可以直截了当一些。

我问道："在你被拒绝的这四个项目中，有些情形可能需要你充当过程咨询师的角色，而你是不是一直在扮演医生角色，总是单方面对患者进行诊断和处置？你为什么不和客户中的知情者（甚至是 CEO）商讨一下该向哪些人呈现哪些内容呢？为什么你就认定应该由自己决定反馈的内容和对象呢？为什么你一定要采用书面报告加上会议阐述的方式呢？"

在一口气给出上述反馈的时候，我察觉到了自己内心的失望，我不理解为什么吉姆对过程咨询概念很熟悉却不去运用。我于是补充道："为什么咨询师总是觉得应该自己单独决定如何与客户互动，却不愿和客户内部的知情人士共同商议相关的流程呢？当我们不知道下一步该如何进行时，应该与大家分享这个难题，而不是觉得必须由我们自己做出过程中的所有决定。"因为那时我们约定的会议时间快要结束了，我希望他能在会议结束前了解我的看法，于是一口气全说了出来。

吉姆对我的"狂风暴雨"反应积极，并且马上就意识到了他总是想扮演专家角色的原因：他认为客户付钱是请他用专业知识来帮助诊断问题的，所以他必须不负众望。但同时，他领悟到，咨询成果应该如何汇报、向谁汇报、以何种形式汇报这些问题，他应该与客户中可信赖的成员一起商讨。吉姆现在完全能够将两种角色区分开：①作为给组织提供有效方案的专家；②以客户可以接受的、感觉有帮助的方式提供反馈意见的建议者。吉姆立刻将这些领悟运用到审视另外三个项目案例上，同样地，他的诊断结果都是高水准的，但是反馈时在怎样符合客户的组织文化和内部工作关系方面确实考虑不周。

花了一个多小时在这些问题上，我们彼此都感到自己获得了新的感悟。但是，我仍感到困惑和沮丧，因为吉姆的确对过程咨询非常了解，但还是全然地陷入了医生的角色中，不自知也无法自拔。虽然我帮他看清了这个问题，但是我自己还是想不通。

案例 6-5　出院时毫无意义的帮助

有一次我妻子因为一次小型外科手术导致的葡萄球菌感染而住院九天，接受了抗生素静脉注射治疗。由于在接受抗癌治疗（化疗），她的身体本就十分虚弱，而葡萄球菌感染让她的状况雪上加霜。当她逐渐恢复到可以出院的时候，又被告知还需要继续注射一段时间的抗生素。负责办理出院的护士告诉我们，她可以安排我们每天到门诊来打针。我和女儿都觉得妻子实在是太虚弱了，根本无法忍受门诊没有时间保证的候诊，况且，她的整个免疫系统因为化疗而非常脆弱，有可能因接触其他病患造成新的感染。

护士解释了注射的必要性，并表示幸好我们住得离医院不远。之前我们听说这家医院提供包括给患者打针的护士上门护理服务，于是询问护士是否可以采用这个方案，但是她毫不犹豫地回答说："啊，那太贵了，你们大概不会想要那种服务的。"但当我们问起具体需要多少钱时，她却说不甚清楚，要去问一下。这个回答让我们感到一头雾水，更让我们感到困惑的是，为什么她在考虑后续治疗方案的选择标准时会优先考虑花费，而不是患者的舒适度和健康度呢？

这位护士没有意识到，相较于金钱方面的花销，这时的我们更看重妻子再次被感染的风险和她的痛苦感受。护士打听回来的时候，满脸兴奋地告诉我们，医院可以提供几天的上门护理服务，而且收费不高。不过，她仍然喋喋不休地说着这样做所需要的各种花费，除了药费以外，还要支付输液设备的费用、护士的上门费等。然而，她始终都没有察觉到，当妻子听说可以在家注射时，脸上流露出的如释重负的表情。

问题出在护士假定我们会根据医疗费用来做决定，由于她觉得上门服务的费用太高了，根本没把它当作一个选项去了解一下细节。最后，我们成功地选用了上门注射方案，但护士让我们兜了个圈子这件事令我们不爽，而且在安排出院的过程中，她从一开始就对我妻子的健康和舒适漠不关心，这让我们感到被轻视了。

案例 6-6　长期照顾关系中不间断的帮助行为

关于帮助关系，最常见的失败案例往往发生在一些长期关系中。在这样的关系中，双方对于给予对方帮助和接受对方帮助都已习以为常，即便所处环境暂时发生变化，例如其中一方突然患病，这一点仍体现得尤为突出。我妻子曾因感染葡萄球菌入院治疗，出院后，还要在家里继续输液。但是出院两天后，她发生了新的感染，不得不再次入院进行为期八天的治疗。第二次出院回到家中时，因为化疗和抗感染治疗，她的身体已经异常虚弱，而且医生警告说，她至少需要两倍于住院的时间身体才能逐渐恢复。因此，在那一个多月的时间内，我要更多地承担照顾她的责任。正是在这段时间里，我有机会观察当其中一方长期需要照顾时，帮助关系会多么脆弱，维护一段让彼此都感到舒适而平等的关系又是多么不容易。

她大部分的时间都要卧床休息，我便承担了很多体力活儿。我们的卧室在二楼，厨房在一楼，因此我要不停地把食物和水端上端下。妻子明确表示她不想让外人来帮忙，而我也明确表示锻炼对我有好处，我很乐意这样跑上跑下。对我来说最困难的事是，要让妻子不会因为我需要去楼下拿东西而感到她在给我添麻烦，这会令她情绪低落。在最初的几天里，她因为我照顾和陪伴她占用了太多时间而无法处理其他家务事感到焦虑。

为了消除她怕麻烦别人的顾虑，我频繁地主动询问她的需求，而不是等她提出。当有事要下楼时，我就会主动问她是否想要我带什么上来，我还选择在她休息的卧室里阅读文稿。只要我预先表示了乐于提供帮助，她就不用再低声下气地求我帮忙。换句话说，这样的行事方式可以归纳为，假使受助者长期处于一种较弱势的状态时，助人者必须主动地提供帮助，从而尽量减少受助者因为不断需要求助而丧失自尊的可能性。助人者身体上更为强健，是事实上掌控局面的一方，其必须从双方共同的利益出发，小心运用自己的权力。

在长期照顾关系中，总要让人帮忙会让受助者感到自己要依赖他人，从而产生愧疚感，助人者在帮忙时可以找一个利己的借口来降低受助者的愧疚感。我就一直对妻子说，我正好可以借上下楼锻炼一下。当这种说辞看上去有些勉强时，我就会换一种说法："我下楼喝东西的时候，可以顺便给你带杯水上来。"随着她逐渐恢复体能，我观察到，很多次在我提出类似的帮助时她会说："不用了，谢谢。"当她自己能够做更多事情的时候，我在她脸上看到了如释重负的表情。随着她日渐自信，她需要让我帮忙的时候也更加爽快了。

可能的问题：多余的帮助

上述情境中可能会出现什么问题呢？一次，随诊护士上门来查看服药的情况，并询问我妻子还感觉哪里不舒服。我知道她前几天肠胃不好，当她并未向护士提及此事时，我便插话补充了这一点。我立刻觉察到妻子有些不自在。之后，她非常生气地抱怨，觉得我不该代替她与护士交流，觉得我抢着向护士描述她觉得不严重的症状是在反驳她，而且根本帮不上忙。在她眼里，我是在冒充医生。她还提起我之前在陪她去看病的时候，也有两次类似的行为，我补充了一些她觉得不相干或不准确的信息。直到事情过去之后，我才认识到我这样的干预不仅帮不上什么，还会令她感到在医生面前很没面子。我发现她很乐于能够亲自向医生如实描述自己的状况，而我抢着插嘴的时候，实际上破坏了她和医生建立的信任关系。从那以后，我就调整了方式，在医生面前保持沉默。但在去看病前，我会预先和妻子讨论一下哪些情况应该和医生沟通。通过问讯和了解妻子想与医生沟通的内容，我消除了自己的盲区。如果在预先沟通中，我发现她遗漏了重要的事项，就会提出来，并商量是否应该将这些信息提供给医生，应该怎么表达。

得益于我妻子能直言不讳地指出我的干涉实际上对她造成了困扰，我能够在之后类似的情境中成为更好的助人者。值得一提的是，当别人提供的帮助超出我们能承受的范畴时，无论是帮助过度还是时机不对，我们都应该告诉对方。当我们觉得不再需要他人的帮助时，要明确地告知对方，如果只是默不作声之后赌气地一走了之，则双方都将一无所获。

可能的问题：放开控制

照顾慢性病患者时，助人者最难的就是在患者康复后，要从充当了较长时间的、业已习惯的专家或医生角色中脱身。随着妻子的身体状况日渐改善，她便很想自己做更多的事情。随着自信的恢复，她开始乐于参与到之前由我独立完成的一些事情里来，这就需要我放弃一些自己"轻车熟路"的做事方法。我之前几乎包揽了所有的采买、做饭及准备食物的工作，在厨房中也能得心应手，形成了自己喜欢的做事节奏。当妻子身体好转后，她参与到烹饪过程中来，但由于容易疲劳并想尽快做完休息，她的动作总是比我快。尽管我很想在她康复期间尽量多帮些忙，但仍发现自己很难适应她的快节奏——很显然，如果我还想能帮上忙的话，就得放弃自己之前已经形成的习惯，得把注意力重新聚焦在她的需求上，让自己适应她不那么依赖我这件事上。

后来，她参与了更多的事务，但在例如填写表格或者使用计算机这样的事情中仍会动作迟缓。每当这时，我就不得不拼命控制自己的不耐烦情绪，因为我知道如果按照之前的习惯，用我来读、她来回答的方式填表，抑或是我自己直接操作计算机会更快地解决问题。尤其是当我们都要用计算机时，我几乎忍受不了只在一旁袖手旁观，耐心等待她做完。于是，我不得不学着让自己从一个助人者转换成旁观者，而在她需要帮忙的时候又立刻变身回到助人者角色。

这一切事情中最困难的可能要数被对方数落的时候。随着自信和体能的恢复，她开始越来越多地对我正做得很顺的事情指手画脚——无论是烹饪前准备食材、开车时的习惯，还是买错了金枪鱼罐头的牌子（我以为自己买了我们常吃的那个牌子，没想到不是同一个）。当我的自尊心受到挑战时，想保持助人者的心态就变得非常困难了。

在上述的所有情境中，要想避免潜在的问题最好按照如下两个步骤行事：①自我问讯，觉察自己内心此刻有了什么感受，以避免掉入破坏性的陷阱；②通过谦逊的问讯，了解妻子为什么要关注某件事，这对她到底有多重要。在所有上述情境中，一旦了解到她这样做的原因，我便会心情舒畅，可以轻松地回到过程咨询师的角色：我可以让她自己来准备自己的食物，这样更符合她的胃口；当了解到她在医院躺了这么久之后很怕颠簸，我可以慢点儿开车；我可以返回超市去退换金枪鱼罐头（后来她告诉我，她也没有那么在意，就不让我再回去了）；当她在填写表格的时候，我可以自己玩数独游戏。当我了解得越多并随即调整自己的行为时，我们就能保持让双方都满意的帮助关系。我也很容易做到，根据需要在专家与过程咨询师之间随时转换。

总结

在本章中，我通过具体案例论述了在所有助人的情境中，深刻地理解问讯的角色对于把握社交的经济性以及扮演适当的角色都是至关重要的。在长期帮助关系中，经常自我问讯（避免掉入破坏性陷阱）并学会根据需要在不同角色间转换尤为重要。

第 7 章
CHAPTER 7

团队合作是持久的互助行为

在企业、体育竞赛、家庭甚至只有两个人的协作任务中，团队合作和团队建设越来越被视为提升组织绩效的重要手段。相比于组织发展的其他方面，很多图书都会浓墨重彩地"渲染"各种各样的团队建设。然而，对团队合作的本质的阐释仍是不清晰的。毋庸置疑的是，团队成员要承担的职责一定是与组织目标息息相关的。如前所述，在纷繁复杂的生活舞台上，人们找到所需扮演的角色是一个复杂的过程。当我们加入一个团队与他人一起共事的时候，复杂性则进一步提升：学会应对多个人对自己的需求与期望比应对一个人的困难得多。

团队之所以能取得持续的高绩效，无疑有赖于团队成员信任彼此会一如既往地履行自己的职责。对团队最大的伤害莫过于其中的某个成员突然甩手离去，或者不再恪尽职守。此时，社交的经济性也会对团队绩效产生很大的影响。作为团队的一员，你想得到的感受一定是你在团队中的付出与在其中的收获相匹配。团队成员的职位不尽相同，但是必须与其对团队做出的贡献相吻合。

从这个角度出发，可以将高效团队定义为这样的整体：每个成员都通过承担相应的责任来**帮助他人**，因而即便在艰巨的任务压力之下，团队成员间的平等性和信任感也会维持在较高水平。换句话说，团队合作的本质是发展并维护所有成员之间互惠互利的帮助关系。

现在，我的脑海中出现了两个场景。一个场景是职业橄榄球队的明星跑锋在一场比赛中创造了诸如跑出 100 码[⊖]或更远的佳绩后，往往会邀请内锋队员一起聚餐，借以表示感谢：他们很清楚，没有队友阻挡对手，自己是不可能跑出那样的距离的。另一个场景则是外科手术团队在做一台心脏微创手术时，需要主刀医生、麻醉师以及其他团队成员在手术过程中持续地沟通操作指令，并且高度信任彼此的指令。

艾米·埃德蒙森等（2001）曾经对 16 个外科手术团队进行了跟踪研究，研究成果表明，其中的 7 个团队能够持续地成功完成这样的微创手术，而另外 9 个团队因无法融洽沟通而无法继续做此类手术。这些团队之间存在什么样的差别呢？成功的团队的主刀医生从一开始就深刻地认识到自己不是全能的，是需要他人帮助的，于是会和团队成员一起参加培训。借此，他们能够明确分工，并发展出平等的关系。主刀医生认可并公开承认他需要团队的帮助，给予团队成员更高的地位，激励他们一起参与到这个过程中来，是团队能够持续成功的关键所在。正如一位主刀医

⊖ 1 码 =0.9144 米。

生所说的："主刀医生能让自己表现得像合伙人而不是'独裁者'是非常重要的。例如，当团队中的其他人提出更好的建议时，你可以采纳并改变自己的做法……你仍然是团队的领导，但是，这与'独裁者'是截然不同的。"

在失败的外科手术团队里，主刀医生往往从一开始就把自己视为主角，仅将团队内的其他人视作为自己做事的"有技能的支持者"而已。为了保持自己高高在上的地位，他们不会与团队成员一起参加培训，因而无法在做手术前与成员一起确定分工并建立互信关系。这个案例的重要启示是，当团队中的高级别成员能够主动聆听并展现自己的谦逊时，团队绩效往往会令人满意——这种行为不仅表明高级别成员认可团队其他成员在取得优异成果过程中所起的重要作用，也为团队成员确立各自的身份和角色、体会公平与平等创造了心理上的空间。如前所述，一个团队是要有人最终拍板做决定的，但是，如果团队成员有机会参与到决策过程中并发挥各自的专长，那么，既能实现团队目标，又能满足成员个人所求，可谓两全其美。人们在团队中的地位和级别往往是不平等的，但是，只要团队成员觉得地位和级别与他们所扮演的角色及承担的责任相符就是可以接受的。

如何达成团队合作

我将**团队合作**定义为所有一起共事的成员彼此之间你来我往、互相帮助的关系。打造一个团队不仅要创建一对一的助人者 - 受助者关系，而且要在所有成员之间建立互信关系。细心的领导者会发现，在任何一个新组建的团队里，所有成员最先要做的事情就是和新结识的同事以及正式的领导者建立融洽的关系。建立这样的关系，是需要投入时间和精力来磨合的。在团队成员尚未达到乐于互助的状态，没有明确各自在团队中的身份并找到合适的角色之前，领导者需要帮助他们找到以下四个基本心理诉求问题的答案。与其他任意帮助情境一样，领导者要在初期扮演过程咨询师的角色，为团队成员找到以下问题的答案创造良好的氛围。

- 我是谁？我在这个团队中的角色是什么？
- 在这个团队中，我有多大的控制权力和影响力？
- 我的目标和需求会在这个团队中实现吗？
- 这个团队中人与人之间的亲密程度有多高？

第一个问题反映了在不同的生活场景中，我们都有能力根据需要进行角色扮演。每当进入一个新的环境时，我们就需要立刻做出决定，从以往扮演过的角色里选择一个作为自己在该环境中的角色。这个过程会让我们产生紧张感和焦虑感，直到角色确定后，我们才会放松下来。从这一点上看，成功的外科手术团队的主刀医生看重团队成员的相互依赖性，并通过一起参加培训、进一步沟通，明确了每一个成员都是完成任务不可或缺的——选拔团队成员时，不仅要重视其所具有的专业技能，还要考察其团队合作能力，即要求团队成员要乐于助人且非自私自利。而失败的外科手术团队的主刀医生往往给自己打造了不可或缺的角色地位，其团队成员就相当于他雇来的帮手，随时可以被取代——在选择他们时，只依据专业技能，根本不考虑团队合作能力。由此，我们可以得出这样的结论：即便你在团队中的地位低于其他成员，但是当你被视作不可或缺的一名贡献者而非可替代的资源时，你也会获得更高的地位感。

第二个问题则揭示了，尽管人们并不一定要求和团队中的其他人平起平坐，但总是希望自己能够具有一定的影响力。因而在一个团队形成的过程中，一个很关键的举措就是留出时间让成员们沟通一下每个人希望自己能给团队带来何种影响，以及如何基于他人的需求来调整自己。团队成员借此机会可以了解各自的专业技能，明确哪些人掌握的技能对团队绩效更为重要，同时明确每个人都会对团队的绩效造成影响。这一点在成功的外科手术团队的培训过程中体现得淋漓尽致，而在不成功的外科手术团队中，所有"有技能的支持者"都心知肚明，他们都是主刀医生找来帮忙的，主刀医生是唯一不可替代的人，他们只需根据要求做出响应即可。因此，他们会低估自己的重要性，也就不会全身心投入将他们的工作做到尽善尽美。再说，如果没有一起参加术前培训，他们根本无法理解主刀医生想要什么、需要什么帮助。

　　第三个问题则与"我"为什么要第一时间加入这个团队相关：我的目标和需求是什么？我们的团队构成是否有能力达成这个目标？成功的外科手术团队在邀请他人加入团队之前就明晰了这一点。如果候选人自己对加入团队的兴趣不足，即他的目标和需求与这类手术方案不匹配，那么他从一开始就不会收到邀请。与之相反，失败的外科手术团队在选择"助手"时则比较武断，有一些候选人最初并不想加入这个团队，但是他们因为级别较低，往往没有勇气拒绝。换言之，人们在寻找长期共事的团队成员时，

一定要先通过问讯的过程确定所请之人的需求和目标是否
与团队相符。

第四个问题涉及团队成员个人情感投入的程度：只是
追求做好本职工作，还是愿意属于一个可以无拘无束地分
享个人目标和信息，且与成员之间有很多日常交往等的集
体？我们每个人都受自身角色所限，当加入一个新的团队
时，我们往往想试探一下团队对我们的要求，看其是超出
还是低于我们的能力范围。为了让每个人都了解到这一点，
我们需要组织定期的培训和团队建设活动，这样才能发现
是否存在不匹配的问题，以便我们在需要真正承担责任之
前可以及时发现这种风险。

在团队形成的早期，当成员彼此渐渐熟络后，上述问
题的答案就会在相处中显现出来。团队成员在这个过程中
会渐渐袒露自我，也会观察其他人如何看待、评价自己。
如此一来，成员相互之间都有了面子。经过对彼此的身份
评估及相互接纳，成员就有了彼此交往的基础。我们在团
队中的角色取决于我们对团队的贡献大小，以及期望其他
人给予多大的支持。团队成员具有不同的技能和需求，这
造成了他们自身的影响力和地位有所差异。在此阶段的团
队的目标是成员彼此接纳，这对进一步培养成员之间的相

互信任并确保团队绩效卓越是至关重要的。但是，相互接纳并不代表要互相喜爱，高效团队并不总是一团和气，但成员之间必须相互了解，团队成员必须信任他的伙伴有能力做好自己分内的工作来确保团队任务的达成。

组建团队的领导者必须清楚，在搞清楚上述四个问题之前，团队成员会心事重重并处在焦虑中，因而无法全心全意地投入到需要完成的任务之中。工作越是重要且复杂，越是要花足够多的时间让团队中的每个成员调整好状态，这样才能使成员真正做到心无旁骛。当团队成员还困扰于"我是谁？""我有多大的影响力？""我的需求能被满足吗？""团队太过正式还是过于随意？"这些问题时，他们在高效团队中是无法立足的。

领导者要给团队成员足够的时间，让他们自己去找到这四个问题的答案。因此，团队初建时，总会组织一些像聚餐或者集体体育运动等活动，这能让团队成员在投入工作之前，先彼此熟悉和适应。失败的团队往往在成员之间的职责分工尚未清晰时，就急于开始工作。但是，在找到上述四个问题的答案之前，即使团队成员都有被指派的确定的职责，他们也会因为顾虑团队其他人对自己的看法而不能有效地履行职责。失败的外科手术团队就是佐证：主刀医生误以为自己找到的"助手"都是专业人士，以为他们"自然而然"地会各司其职，从而导致团队最终失利。这些主刀医生忽略了团队成员之间建立信任和帮助关系的重要性。实际上，成员间的相互了解是一个互相问讯的互动过程，信任及乐于互相支持的态度是在你来我往的接触中形成的。

这样的磨合过程在团队合作的初始阶段、培训总结会期间和后续的实践过程中都应持续进行。团队成员在早期不断反思自己的表现是至关重要的，原因有两个：①通过分析任务达成情况，就工作表现进行总结，找出有效的部分和待改进的部分；②让团队成员有机会对各自的职责和配合方案重新讨论与协商。在反思中很重要的一点是，要尽量弱化职级差别，让每一位成员都能就自己感受到的职责不清晰和不平等的问题表达意见。美国陆军使用"行动后反思"[⊖]这种方法，就是意在创造一种氛围，让士兵和长官享有同等权利，可以对行动中发生了什么及其原因表达自己的看法。同样，在对手术操作进行总结反思时，也要

⊖ 即 After Action Review（AAR），美国陆军提出的一种检视方法，其定义为：对一个事件的专业性讨论，着重于表现标准，使参加者自行发现发生了什么、为何发生、如何维持优点并改掉缺点。此方法的目的在于学习，而不是奖惩；重点是基于经验快速行动，而不是反复地分析。——译者注

让护工、护士和高级别的主刀医生感到他们享有同等权利，可以从各自职责的专业视角说出自己的观察。在手术过程中能够打破层级、清楚表达是攸关生命的事情，因而必须在这样的反思流程中反复练习。

我把这种基于目标达成来检视团队表现和任务进展的沟通过程称作反馈。我将提供和接受反馈看作帮助关系中的一个关键的沟通过程，其对打造团队氛围尤其重要，我将在本章的后续部分对此进行更深入的分析。

概括起来，高效团队都具有一个公认的特征：团队中的每个人都清楚地知道并乐于履行自己在其中的职责——他们确信团队对待自己是公平且合理的，他们在绩效方面的贡献越多，获得的正式和非正式奖励就越多。从这个意义上说，他们相互帮助，团队因而融为一体。团队中的每个人既是受助者也是助人者，因为彼此之间的关系是共同出力建立起来的，当任务需要时，每个人都可以扮演专家或医生角色；当出现意外情况，需要当机立断进行问讯的时候，每个人都可以马上转换为过程咨询师。当一个团队运行良好时，其中的每个人都是各司其职的，即便有些人的贡献会突出些，但只要每个人都清楚并认同自己和他人的职责，团队是能够包容贡献较少的成员的。导致一个团

153

队分崩离析的原因，无外乎成员各自的职责从起始阶段就不清晰，或是偏离了最初的约定。偏离的表现形式要么是有些人该帮助他人的时候临阵脱逃，要么是不请自来地干预他人行事。例如，有一次我和妻子联手准备家庭聚餐，我们事先做好了分工，但是，我忽然冲上去帮她翻炒锅里的菜，这干扰了她依照菜谱的操作，从而让她感到无所适从。她及时地告知我这样做对她是干扰而非帮助，我便赶紧停手，于是我们的团队合作又回到了正轨。但是，在有些情形中，打破既定职责的偏离反而意味着出乎意料的帮助，比如当闻到食物烤焦的味道时，我果断地切断烤箱电源，妻子就会非常感激。

任务中的突发事件决定互助的类型

团队中的帮助类型主要由要实现的任务以及团队成员彼此的依赖度决定。在橄榄球球队中，每个人都有自己明确的任务，比如掩护、带球或者是抓住机会跑出接球空当。但是，在其他很多互动性的运动（像曲棍球、足球或者篮球）中，要想赢得比赛，球员该如何表现是基于对手的表现而定的——什么行为能为团队做出贡献是瞬息万变的。

此时，团队成员不仅要清楚自己该怎么做，还要快速响应对手的战术变化。当有人传出出其不意的好球时，我们会说"那真是帮了大忙了"，这意味着我们把常规套路的协作看成理所应当的，我们只会对独特的新的应对方式大加赞赏。团队总会遇到突发事件，因此在探索和学习阶段以及执行完每个阶段性的任务后，成员都应当进行回顾并分析。一个优秀的手术团队这样强调（Edmondson，2001）："每例手术后，我们都会一起总结哪些环节可以进一步提升，哪些环节需要调整，这些内容马上就会运用在下一次的手术中。"在这样的复盘中，需要从三个方面来分析团队成员的行为：①常规的标准动作是否做到位了；②遇到突发状况时，成员自发的反应行为是什么；③哪些行为在事后被证明是无益的。团队成员彼此要给出如何看待各自表现的真实反馈。

在复盘过程中，团队成员可能提出更具体的帮助请求。例如，有些人会请求他人帮助他在工作的某些方面进行改进，而有些人愿意支持他人改善业绩。通过这样的互动，成员不断地强化相互平等的帮助关系，也进一步明确了各自的职责。可以想象，当一位护士基于她在手术中的观察，指出主刀医生在哪些方面可以进行改进时，情境会多么复杂。即使是主刀医生主动寻求帮助，护士在回应时，也要从小心地扮演过程咨询师开始。在复盘中，依然要遵循维护所有人的面子的文化准则。

在执行任务时，团队成员必须快速识别队友需要的帮助并主动响应。人们在需要帮助或给予帮助时，往往是来不及自己提出或先说出来的：当保护四分卫的内锋球员看到对手突破阻挡冲过来的时候，他会不经询问直接冲上前去；在手术过程中，当护士看到手术中出现某些状况时，不用询问，就会直接递给主刀医生他需要的器械。只有经过长时间的一起培训和磨合，团队才能产生这种高水平协作，这样的团队才能称得上高效团队。同样，心理咨询师与患者之间的互助关系也要经过多个小时的咨询治疗才能建立起来。值得注意的是，即使是在那些信任度较高的关系中，如果双方没有恪守尊重与得体的原则，抑或在求助或者给予帮助时不能保持双方的平等，那么就很容易让受助者对助人者产生抵触，反之亦然。

任务对相互协作的要求

团队成员之间互相支持的程度是由实际工作对协作的

需要程度决定的。在需要齐头并进才能完成的任务中，成员的协作意愿最为重要。用长锯伐树的两个人必须协作才能完成任务；六个人在葬礼上一起抬棺，其中的一两个人偷懒并不会带来太大的影响；营销策略决策委员会中可以有一些不精通营销的成员。但是，手术团队是需要高水准的协作的——懂得如何彼此支持，成为成员必须具备的素质。在诸如篮球、足球和曲棍球等团体运动项目中，队员之间的协作水平直接决定了球队的战绩。这里的团队合作高度依赖球员的传球技能，以及为了团队的最后胜利乐于成就他人的意愿。想象一下橄榄球比赛场中那些极富戏剧性的配合场面：四分卫被对手追赶时，前场接球手跑动创造机会，突然在最后时刻接住四分卫的传球，避免了被擒杀。换而言之，在需要成员齐头并进的场景中，团队的表现水平绝不仅仅反映为成员个体技能的简单累加，而是反映为成员之间密切配合和支持的能力。团队领导者和教练的责任就是要强化这个能力。

　　在诸如工厂生产的场景中，团队成员间的互相依赖是以一种"按部就班"的有序形式存在的，而有些协作如同接力赛，成员协作的意愿要贯穿每个节点：交棒人感谢接棒人在刻意控制自己的起跑速度等待他交棒；接棒人也会感激交棒人把接力棒稳稳地交到自己的手中。不管其中哪个运动员的速度有多快，只要掉棒就会令大家前功尽弃。缺乏协作意愿的态度和行为如果发生在小团队中，因其显而易见，很容易得到纠正，而在大团队中，便不易察觉。例如，在工业化生产线或大企业里，批准一个请求要经过很多的环节和步骤。再如，客户或者生产线末端的品控人员发现产品质量有问题或者觉得有些环节耗时太长时，往往很难解决，因为从整个链条中找到薄弱环节并非易事。

团队成员彼此的依赖性越低，互相帮助的重要性就越低。销售人员的目标设置和奖励机制设置就是基于各自为战的方式，但是在一个企业中，往往会有多个销售人员去拜访和开发同一个大客户，于是企业便会建立一个新的机制来确保销售人员之间互相协作。即使是更具独立性的演员也会发现，如果他们能互相支持，大家都会受益。例如，芝加哥有个著名的即兴喜剧团名为"第二城市"，由两位演员组成，其中演员 A 负责铺垫，演员 B 顺着铺垫抖出包袱，吸引观众大笑。自此我们可以发现，相互协作的重要性是由团队肩负的任务的性质决定的——不是所有的群体都要被打造成团队，因为并非所有的任务都需要互相协作。

给予反馈是最基本的帮助行为

反馈，顾名思义，是指那些展现当前的进展是否偏离既定指标的信息，其可帮助人们实现总体目标。如果实际情况偏离了设定的指标，那么反馈就会马上激发纠错的行动，就像空调在室内温度过高或者过低时会依照预设温度自动启动制冷或制热。在助人的过程中，当受助者询问如何才能保持在正轨上时，给予反馈是助人者最基本的行为。从这个意义上说，我们在日常生活中，为了确保自己的目标成为现实，总会主动寻求和利用他人的反馈。但是，我们想要获得的（尤其是主动询问他人的），一定都是和我们的目标相关并且有用的信息。因此，助人者在给予反馈前，必须充分了解受助者的目标——显然，进行谦逊的问讯是十分必要的。

在团队中，缺乏有效反馈不仅无法纠正偏离目标的行为，还会让团队不能快速掌握达成目标的有效方法，因此获得有效的反馈尤其重要。团队成员一起确定任务的进展，回顾反思，然后通过真诚的对话给予彼此有效的反馈，这是打造和保持团队合作的主要方法。

团队成员要学会在不有损自己和他人面子的前提下去

分析与评价自己和他人的表现。这就意味着，下属要懂得怎样向上级报告坏消息，上级要做到不惩罚讲出棘手问题的下属。从另一个角度说，这要求每个人都应具备建设性地给予和接受他人反馈的能力。

为了保证这样的反馈沟通不造成伤害，团队需要创造一种"离线状态"：选择特定的时间和地点，打造一个可以畅所欲言的氛围，令成员可以暂时将面子放下，谈论平时会忌惮的话题。前面提到的日本的职员只有在喝酒时才能和老板讲心里话的例子，是一样的道理。而在西方文化背景的企业中，更加有代表性的进行事后反思的方式是组织一场活动，在活动中最大限度地弱化等级和职位的差别，从而营造不那么正式的气氛。

在作为企业管理咨询顾问或者和学术界同行一起打造学习体验时，我经常会建议进行过程反思，令所有参与者都可以不用顾虑身份和地位差异，直言不讳且建设性地给予反馈——这种情形不会自动发生，我们只有通过学习，才能掌握在给予反馈时既能起到帮助作用又能保全各自颜面的能力。那么，该怎样才能做到呢？

给予反馈的第一个原则是，要想让反馈真能起到作用，给予反馈时就必须遵从前面章节所论述的帮助关系中的基本互动准则。当一位同事充满愤怒地对另一位大声吼叫"让我给你一些反馈吧"时，很明显，他所做的一切已经和帮助扯不上任何关系了。管理者在给下属做年终评价和工资评定时，若对下属说"这是你需要提高的方面，也是我不能给你加薪的原因……"，实际上是完全起不到帮助下属提升的作用的。哪里出了问题？

如果对方没有要求就给予反馈往往是起不到任何作用的——正如前几章谈到的，助人者在提供帮助前，必须先搞清楚受助者要解决的问题是什么。当同事、老板、朋友或者伴侣一厢情愿地要给予建议和反馈时，不仅会引起误会，还会令对方感到没面子和羞辱。我在很多老板对下属进行业绩评定的过程中，一次又一次地看到这样的情况：老板说"你需要在会议上更加自信一些"时，下属就不知所云。由此引出的给予反馈的第二个原则是：反馈不仅要源于对方的恳求，还要具体且准确。

大多数绩效评估体系都是基于主动性、上进心、沟通能力、人际交往以及分析问题的能力等抽象特征来衡量员工的，这就意味着这些体系与具体的行为实例完全挂不上钩。而现在开发出来的能力测评工具，同样有过于抽象的问题。要想通过给予反馈真正帮到对方，一定要将反馈内容放在团队工作的具体行为场景中进行回顾。在手术团队进行复盘时，如果主刀医生说"我希望能看到护士更为主动"时，护士可能完全不理解他具体指的是什么。而如果以这样的方式描述，意思就会表达得很清晰了："当看到我对 ××× 犹豫不决的时候，你要是能递给我 ××× 就帮到我了。"护士如果回复"当 ××× 的时候，你为什么不直接说让我干什么呢？"就比回复"我希望你能更好地沟通"更有建设性。这种基于双方都能记起的具体情节和行为来给予反馈，至少会让彼此都获得一次有意义的学习机会。但需要注意的是，重新界定尊重与得体的规范至关重要，唯有这样成员才能畅所欲言，而且这样才能使成员所言听上去不是训斥，而是建设性的意见。

综合上述两个要点便可以看出，假使领导者在复盘环节中能够让团队成员先总结自己的表现再向其他伙伴征求意见，就会进一步提升反馈的有效性。护士可以这样问主刀医生，"我递器械给你的方式令你满意吗？"或者"你觉得我能做的还有什么吗？"。如果能让"当事人"主动去征求意见，他就会因为是自己在主动寻求帮助而更加听得进去他人的反馈。如此，团队就可以形成为了实现共同目标彼此互相支持的关系。

其实，主刀医生和护士在确保手术成功、有效、及时、安全等方面拥有共同的目标，因此所有的分析、提出的问题以及给予的反馈都要基于这些共同的目标。例如，如果事先没有将快速做手术作为共同目标的话，当主刀医生对护士说"你应该动作快点儿"时，他就显得没有依据了。

给予反馈的最后一个原则就是强调对事件的描述而非判断，这会产生更好的效果。例如，"约翰在会上挑战你的时候，你应该更强势一些"就是一种判断，而更能帮到对方的说法是，"当我看到约翰在会上挑战你的时候，我发现你默不作声"，这可为受助者进一步解释或者理解其中的隐喻大开方便之门。这样的表达只是聚焦于反馈者自己的观察——可能和他人的观察一致，也可能完全不同。如果对应该做什么做出了判断，助人者就已经扮演了专家或者医生的角色。而如果是描述了自己的观察，助人者就是保持在过程咨询师的角色上，可使受助者进一步还原事件并给予解释。

总结前面的论述：要想让团队成员学会互相帮助，就需要创造出能够暂时超越他们日常工作的情境，使得所有人可以畅所欲言。当反馈是自发的而非强迫的、准确且具体的、基于共同目标的、关于事实描述而非判断的时，效果是最好的。当团队成员能够秉承这样的沟通方式时，就会发展出互相帮助的关系，团队即使在面临任务压力时仍能运转良好。

尽管在这里分析的是团队合作对反馈的要求，但是其同样适用于朋友、配偶以及专业的助人者－受助者之间这样一对一的关系。当思考那些失败的帮助案例时，我发现我要么是强迫对方接受反馈，要么是泛泛而谈或先入为主，要么是关注的需求是和我自己的目标相关的而非对方的。

案例 肿瘤科室中多种形式的帮助

当每周陪着妻子去本地医院的肿瘤科室接受化疗时，我观察到了在团队协作的情境中的各种不同的助人因素。在每次陪伴她治疗的一个小时里，我都能够观察到许多患者与医务人员之间寻求和提供有效帮助的不同方式。医护人员包括一名前台接待，三位负责静脉注射的护士，一位准备治疗用药的药剂师，两位护士助理，一位帮忙做用轮椅推患者等工作的勤杂工。治疗团队是由三位专攻肿瘤治疗和血液病治疗的医生组成的，他们会在患者化疗期间来回巡视。同一时段大概有 12 名患者分布在科室的不同区域。

很多年前，妻子拿着她的血象报告、CT 报告单、X 光报告单和体检报告去见她的肿瘤科医生。这位医生总是在耐心地询问我们的生活方式、旅行计划之后，再给出不同的治疗建议。他明确告知，我妻子的乳腺癌需要进行治疗，但是有多种方式可供选择。这样的沟通给予了我妻子价值感和地位感，提升了她的自信及对医生的信任。

提供选项给受助者既可以让他得到帮助，也可以降低他求助时产生的弱势感。我发现在这个科室中，不仅医生会耐心问讯，所有的护士和护士助理也会如此和患者沟通，尽可能提供多种选择。护士助理在抽血时会先问一句："咱们今天抽哪只胳膊？"在继续操作前，他会再问一句："你感觉如何？"

在一个治疗日，妻子的血样被送到医院化验室做分析，如果指标不能恢复到正常范围之内便不能继续化疗。负责的护士进到治疗室，询问妻子上周化疗后的总体感觉如何，观察到了哪些副作用以及是如何应对的，等等。不同的护士往往会有不同的问讯方式，但是最有帮助的问讯往往是最开放的问题——"最近怎么样啊？"，然后会全神贯注地聆听。副作用是很难讲清楚的，所以只有护士真的花时间去探究，才能引导患者说出准确的信息。倘若护士先有了对副作用的主观臆断，然后直接对患者并未出现的症状给出建议就会完全帮不上忙。例如，我妻子从未出现过一般化疗都会产生的恶心症状，但是护士们总会不厌其烦地叮嘱输液后要马上服用抑制恶心的药物。

在候诊时，我观察到医护人员之间有很多需要协作的地方：询问前台接待诊疗的时间安排；确定护士各自要负责的患者；不停地到计算机屏幕上查询各种信息；指导药剂师给患者配备正确的诊疗药物；询问患者都做了什么治疗；回答患者提出的"这要花多少时间？"这类问题。如果午餐时间输液还没有结束，医务人员就会建议我们看看医院的菜单，还会告诉我们如何用电话订餐（给患者提供尽可能多的选择）。

这里最打动我的是那种互相尊重的氛围、团队成员间的配合以及被关心和尊重带来的踏实感。尽管患者实际上是完全依赖医护人员的，但是他们的每一个举动都力图给患者更多的选择和自主性，从而提升了患者自身的价值感。我还发现午餐的菜单有多种选择，能够让我和妻子都选出令自己满意的餐食。当然，这个科室的各个成员之间清晰地存在级别和权力的差异，然而从他们的沟通风格和彬彬有礼地对待每一个人可以明显地感受到，他们是彼此尊重的。在这里，我很少能听到命令式的话语，取而代之的是亲切且令人舒畅的交流、更多的问讯和聆听以及让人放松的幽默话语。在他们的例行工作中，信任和帮助他人似乎已经是约定俗成的，尽可能地以愉悦的状态保障化疗者的治疗是所有人共同的任务。

不能面对面沟通的团队

不能面对面沟通的团队成员之间能建立互信吗？帮助行为可以依靠电子信号惠及远方的陌生人吗？我们研究各种热线便可知晓，对一些类型的帮助而言，答案是"可以"。但是，我们也知道这样的行为有时会以失败而告终。不能面对面沟通的团队会面临两种情况。第一种情况就是团队在远程工作之前，已经很好地解决了彼此的分工和职责问题，那么远程工作肯定可以运转良好。团队建设可让成员彼此之间建立信任，他们知道该如何通过线上方式采纳他人的意见或是敢于提问来确认对方的意图。团队成员可以通过乐于提出并积极响应他人的问讯来传达自己帮助对方的意愿。此时，通过电话或者其他电子方式进行的问讯方式及所产生的效果，就与面对面沟通并无二致。若团队成员之间未建立信任时，有人扮演医生或专家的角色，同样会造成问题——如果无法及时提醒对方这样做帮不上忙的话，情况会更加糟糕。总之，只要事先建立了互信的人际关系，团队成员之间就能够远程相互提供帮助。

如果团队成员以前从未见过面，那么就要采用另一种方式——双方的共识必须建立在文字的基础上。如果通过电话沟通，说话的语气、时机以及情感都会自然地透过电波传递给对方。而如果通过电子邮件进行交流，人际关系的建立则依赖文字。根据我的经验，采用这样的沟通方式时，能否明确地表达出乐于帮助他人的意愿是影响帮助关系能否建立的关键因素——意愿从邮件的长度和语气上就可以体现出来。例如，我经常会收到很多我并不认识的学生或者同事发来的邮件，要求我提供帮助。有时提出的帮助请求太过泛泛或被动，诸如"我看了您论述组织文化的那本书。我该如何研究我们企业的文化呢？"或者"我是一名本科生，想学习企业文化，您能帮帮我吗？"。我发现其中的问题和我与受助者面对面沟通时所遇到的依赖性问题如出一辙——让我完全提不起给予任何帮助的兴趣，因此就会简单回复或者建议他们自己去读书。

但如果对方提出的需求是具体的并反映了主动性时（例如，"我是一名本科生，在大四的一个项目中阅读了您的著作，我想将其中的十步法用于我们的学生会……您可以给我一些建议吗？"），我就会因产生了好奇而进入问讯模式，我会回复："能告诉我你们这个项目的研究目的是什么吗？你为什么想研究文化？"我发现在类似这样的情况下，后续邮件就会"你来我往"非常顺畅，从而让我很乐于帮助对方。如果对方只是简单地回答问题，不做更深的探究，我往往帮不上什么。事实证明，当对方提出新的问题时，就说明他并没有理解我的回复。

除非时间非常紧张，陌生的团队成员都可以在开展工作前先通过彼此间的问讯建立人际关系。数字设备公司在1960 年建立的工程师网络就是这样的典型工作群体。工程师们遍布世界各地，大多数人彼此并不认识，于是他们建立了一些固定的工作规则，让每个人可以向网络中的任何人求助，例如"有人碰到过这样的问题吗……怎么解决？"，世界上任意一个角落的人都可能对此响应，分享各种主意或者经验。事实上，这个网络里成千上万的人分布在全球各地，很少人彼此认识，但是这丝毫不妨碍他们组建一个高效运转的互助团队。

总结

在我看来，对高效的团队合作、协作与配合的最好的解读就是持续且有效的相互帮助。当将团队协作看作帮助过程时，我们就可以清晰地界定其所需的条件。在团队组建阶段，通过非正式的活动让成员相互熟悉，营造互相问讯的氛围，让大家对彼此的特点和技能有更多了解，并通过协商确定各自的角色以及相对的地位。团队一旦开始运作，就要定期检讨流程，以便从反馈与进一步的磨合中学习。在学习反思的过程中，团队成员要探究任务的本质、互相依赖的程度（类型），并就目标达成共识。为了评估目标实现的进展情况，团队成员要创造出可以突破日常面对面交流规范的情境，以便能够跨越地位和等级界线进行反馈且不会损害大家的关系。只有对方主动征询才能给予反馈，而且要具体、基于事实描述并与目标相关。

为了促使这一切发生并创造有利于反馈的学习环境，谦逊的领导力是必不可少的。正如助人者只有能够接受受助者的帮助才能促使双方的地位达到平衡一样，团队领导者必须接受团队成员的帮助才能找准自己的角色和状态。为了让这一过程持续有效，团队领导者和所有成员都必须遵从维护彼此面子的社交准则。团队必须照顾到每一位成员的诉求，否则一旦准则在执行中被打乱了，必然使成员产生紧张感，从而不可避免地影响团队的整体表现。我们所认定的彼此尊重和信任在根本上是一种感受，就是相信即便自己的行为偏离了常规或帮不上忙时也不会受到羞辱或感到尴尬。与之相反，你会得到团队成员给出的相关反馈，他们使你能够明白，该如何才能在大家一起努力实现目标的过程中发挥更大的作用。正如我在下一章中将谈到的，领导者的作用就是确保团队实现这样的学习过程。

第 8 章
CHAPTER 8

帮助领导者和组织

与领导力相关的帮助行为（咨询）涉及三个方面的问题。如上一章所述，领导者的关键任务之一是为团队协作创造条件，让团队中的成员能彼此配合完成组织的各项任务。第一个方面的问题是领导者该如何创造这样的条件，助人者又该如何在其中发挥作用。第二个方面的问题则与下属相关。组织领导力的定义是否暗示着下属有时必须需要他人帮助才能完成任务？领导者有能力提供有效帮助吗？他们应该这么做吗？第三个方面的问题是，人们该如何帮助领导者。这些问题的复杂之处在于，并非所有组织中的成员都在同一个工作场所工作，他们甚至无法彼此沟通，于是，这就提出了一个更大的问题：究竟谁是受助者？

谁是受助者

从助人者的角度出发，组织发展咨询顾问要面对的最为复杂的两个帮助情境就是引导组织变革与支持领导者提升领导力。为何它们是最为复杂的？究其原因，在此过程中，助人者要面对组织中的多位"客户"，且他们都拥有固定的头衔和角色。尽管此类辅导大多以一对一或者小组的形式进行，但客户还是经常会想将其他团队甚至整个组织拉进来——客户（领导者）总是想要咨询顾问给出一个简单的诊断或"处方"，有时甚至还要求咨询顾问协助他，拉上组织中未参与过辅导的成员一起将方案落地执行。

虽然咨询顾问从一开始就知道客户想要变革，但难点在于他不了解这种变化会给组织的其他方面造成什么影响。咨询顾问看似只与"直接客户"打交道，但会改变组织中他并不了解的那部分人——我们应将他们称作"最终客户"。因此，咨询顾问在响应"直接客户"的帮助请求时，必须考虑这是否会对"最终客户"造成伤害。例如，当领导者想向下属进一步施压时，咨询顾问要助其一臂之力吗？正如我们所见，组织发展咨询的复杂性在很大程度上源于咨询顾问要致力于帮助领导者成为下属的支持者而非压迫者。

领导者之所以聘请咨询顾问，最常见的原因是请其帮助规划变革的过程，以便实现他们的目标。但是这里最具讽刺意味的是，为了有效地管理组织成员完成变革的过程，领导者首先要学会接受他人的帮助，他们必须对本书所描述的帮助过程形成清晰的概念，然后成为助人者去帮助想要对其产生影响的组织成员。在管理变革的过程中，最为反直觉的一条原则是：除非你能让他人主动求助于你，否则你改变不了任何人。换句话说，领导者要想改变或者影响组织成员，就要想办法将自己的目标转换成每个组织成员自身的目标。正如互相帮助是高效团队的核心特征，提供帮助是管理变革的关键路径。由此可见，本章开头所提出的帮助行为和领导力之间的三个关键方面的问题是紧密相连的。

更准确地表述这一点：理想中的老板一般都清楚地知道要让下属达成什么目标，同时随时准备为他们提供支持和帮助。老板不仅要提供资源、指导、反馈或建议，还要以各种形式响应下属提出的帮助请求。而老板经常落入的陷阱是当下属提出"您能帮个忙吗？"时，二话不说，本能地出手相助。但老板真正该做的是暂停片刻，让自己成为谦逊的问讯者与过程咨询师，而不是立刻就扮演专家或医生的角色。组织中的助人行为，既要符合组织文化准则，又要兼顾社会学意义上的平等性和"面子"的需要，因此变得更加复杂。无论是下属提出请求的方式还是领导者提供帮助的方式，都既要符合更为广泛的社会文化准则，也要符合组织特定的尊重与得体的准则。

组织文化与领导力

　　领导者要面对多个不同的群体和部门，而假以时日，它们往往都形成了自己的组织文化（Schein，2004）。无论工作内容定义得多精细，员工都会按照符合自己想法的方式做事。同时，在工作的互动中，他们也会发展出一套适合这个群体特定需求的并与工作性质相契合的做事规范与工作方法。有时，这些规范和工作方法体现了从现实出发最容易把活儿干完的方法，但它们可能会与这项工作应该采用的方法背道而驰。

　　我们称这种现象为"实践漂移"[○]（Snook，2000），它可以解释某些灾难发生的原因。例如，1994 年两架联合国直升机在伊拉克的禁飞区被击落，其原因就是在该地区巡逻的战斗机按照自己的需要，在过去几年里都将无线电频率调偏了一些，这导致其对直升机喊话后无法收到回复信号。此外，直升机很容易就消失在峡谷中看不到了，监控该地区的空中预警和控制系统的人员也就不会仔细查看直升机。最终，带有额外的油箱使得该直升机在外形上与敌机类似，战斗机遂将其击落，从而牺牲了 26 条无辜的生命。

――――――――――

　　[○]　哈佛商学院教授斯科特·斯努克提出的"实践漂移"理论：组织内缓慢偏离流程的行为可能引发安全隐患，从而导致事故风险。――译者注

　　新上任的领导者接管一个部门时，在搞清楚团队或者部门的规范、传统以及"实践漂移"之前，是不能启动任何变革的。要想真正了解真实情况，领导者就要作为问讯者和员工建立信任和互助关系。众所周知，团队成员总有办法对检查工作的领导隐瞒实情，因而要想推动变革，领导者必须先深入地融入团队文化之中，赢得足够的信任，这样他才能了解到真实情况，继而与大家建立互助的关系。这种过程的实质是人们都可以单独完成自己的工作内容，而人际关系的建立是为了完成那些需要互动的工作内容。主刀医生和麻醉师致力于在各自的专业领域内精益求精，但他们需要一起提升手术中随时进行的沟通的效率。销售经理要对负责的区域的长期目标做出规划，其团队的销售人员主要关注达成自己的销售指标，但是他们要就如何达成长期目标和设置合理的销量指标进行讨论。

　　领导力培养之所以复杂是因为作为助人者的领导者既要能够接受团队成员的帮助，从而真正地融入团队文化之中，又要能够针对团队或者某位下属的不足给予帮助。真正能帮到团队的领导者一定会顾及地位平等感的问题，会就自己在团队中的角色与大家进行商讨，上来就充当医生或专家是行不通的。

接受帮助是领导力的体现

大部分身居高位的高级管理者都拥有足够的权力和潜力，通过学习如何提供帮助，他们可以成为高效的变革推动者。然而，职位和所掌握的权力往往会令他们过早地陷入一种僵化状态。尤其是身居要职的领导者，更容易被赋予专家或医生的角色，而高效的变革管理却需要更多地运用过程咨询。组织发展咨询顾问所面临的困难往往就在于如何向客户说明这一点，并让客户认同这是成为高效领导者的必由之路。

——
案例　一个典型的管理咨询案例

如果我们对一个典型的管理咨询案例进行分析，前面提及的复杂的互动过程便一目了然。一位 CEO 因企业中一个部门的绩效总是不能达到预期，便聘请了咨询顾问。CEO 介绍了部门的基本情况，希望咨询顾问通过进一步的访谈和调查，诊断出该部门存在的问题，并给出解决之道。CEO 还要求该部门的领导者与咨询顾问合作，配合其进行访谈，提供受访者名单以及咨询顾问需要的所有信息。咨询顾问接受了这个任务，在与部门领导者联系获取了名单后开始进行访谈。

经过几个月的访谈，咨询顾问掌握了很多情况，然而产生的最重要的结论却相当棘手——尽管不少管理者和员工都谈到了这个部门的各种问题，但大家一致认为最大的问题是聘用咨询顾问的 CEO 与部门领导者之间的冲突问题。事实上，接受访谈的管理者和员工觉得 CEO 不只是对他们的部门管理不当，在一些其他事情上的处置对整个企业也是不利的。为什么这很麻烦？因为 CEO 聘请咨询顾问并不是想要其在如何管理公司上辅导自己，故咨询顾问无法将这些意见反馈给他。这时，咨询顾问忽然意识到自己没搞清楚谁是最终受助者，因而搜集到的数据也不知该做何用。

为什么不能对 CEO 直言不讳，告诉他调研结果，包括大家对 CEO 的负面评价？原因在于这样做真能起到作用的概率是很低的，不请自来地给没有意识到自己需要帮助的人提供反馈是不符合常理的。这位 CEO 聘用咨询顾问的目的是解决低绩效部门的问题，而不是对自己的管理风格进行评估。如果咨询顾问这样做的话，大概率上 CEO 会礼貌地听取意见，然后解雇咨询顾问，将报告扔进垃圾桶，再聘用其他咨询顾问——CEO 不会有任何收获，且在不知不觉中错失了检视自己行为、寻求并接受帮助的机会，而这正是 CEO 工作中非常重要的责任。

如果咨询顾问充分理解我们所定义的帮助过程，在接到任务的初始阶段就不会贸然接受安排行事，而会先借用问讯的过程与 CEO 建立互信关系。在不损害 CEO 面子的前提下，咨询顾问必须先了解清楚令 CEO 感到困惑的问题到底是什么：他为什么认为那个部门有问题？为什么自己不能解决？最重要的是，他在这个问题情境里扮演了什么角色？咨询顾问必须先进行过程咨询，在搞清真实的情况（"最终客户"浮出水面）之前，不能进入专家或医生的角色。

这种问讯短则 15 分钟，长则需要几个小时。关键是在与 CEO 建立互信关系之前，咨询顾问不能贸然使用诊断工具。这一点之所以如此重要是因为咨询顾问知道，仅仅是进行访谈和观察就已经是在很大程度上对组织进行了干预，其后果难以预料。在 CEO 想要进行这样的干预前，他必须充分了解这会给部门和自身带来哪些可能的后续影响。咨询顾问也要清楚地告诉 CEO，有可能最后所有的证据会表明他自己是问题的根源。CEO 要了解，一旦员工在访谈中提出了自己的意见，就会期待公司根据他们的意见采取行动。员工会彼此交流，但无法预判他们在交换意见和看法后会偏向哪个方向；他们还会对高管层对他们反映的问题会做出怎样的反应做出自己的评判。

咨询顾问（助人者）在帮助 CEO 了解所有可能引发的后果时，扮演的是专家角色，但是是组织动态过程方面的专家，此时其并未涉及困扰着 CEO 的真正问题。这类提供过程管理专业意见的角色，与我之前提到的给超负荷运转的团队提出外出开会建议的角色，如出一辙。这些有关团队及组织内部动态过程的见解是 CEO 应该了解的信息，咨询顾问不能隐瞒，且要以一种恰当的方式传达给 CEO，不能让其感到自己孤陋寡闻从而自惭形秽。从我自身的经验来看，为组织客户提供服务时，最难把握的部分就是既要提供专业的流程管理方面的经验和建议，又要保持自己问讯者的角色。就行为而言，这意味着在对话的过程中，咨询顾问要在专家角色和过程咨询师角色之间来回切换。重要的是，在咨询顾问采取任何进一步的行动前，CEO 要清楚地知道自己才是对一切后果肩负责任的人。咨询顾问的职责是要做好一个负责任的助人者，与 CEO 建立互信关系，开诚布公地与其一起讨论各种可能性，并共同决定下一步的行动。如果咨询顾问能很好地把握这个环节，CEO

就会从聚焦于要解决那个部门的问题，转而去思考采取哪些措施会最有效，能更快地帮助这个部门有效地运转。认识到这一点，CEO 将直面领导者应该承担的责任，会试着允许咨询顾问在界定问题方面提供帮助，并将承担起帮助该部门提升绩效的责任。接下来，在双方都认识到对部门成员的访谈不仅仅是搜集信息而是在该部门启动一项重大变革项目的前提下，CEO 与咨询顾问就可以共同决定是否还要进行访谈。如果双方商定要进行访谈，那么接下来就要讨论该如何与团队沟通这个项目，如何将咨询顾问介绍给部门领导者，是否赋予部门领导者拒绝、接受以及影响该项目的权力。此时，咨询顾问要把部门领导者当作客户，并向其保证在访谈中无论获得怎样的信息，都只是用于帮助该部门。否则，部门领导者就会暗示他的员工访谈时要有所保留，从而会妨碍他们与咨询顾问进行坦诚的沟通。

但是，假使 CEO 已经参与进来了，他应与咨询顾问一起设计如何向部门成员介绍这位顾问，一起商量如何制定使用咨询顾问所收集到的信息的规则及规范。这个过程中的关键环节是咨询顾问与部门领导者的会面，要说服后者在项目中既要愿意接受帮助，又要积极地出谋划策。其中需要考虑周全的是如何处理收集到的有关部门领导者领导风格的信息，其中很多可能是负面的。

如果咨询服务的目标是通过创造部门成员之间互相支持的工作流程来提升部门绩效，那么另一个在访谈前要考虑的问题就是怎么做才能让大家开诚布公地进行复盘，让真实信息浮出水面。收集访谈信息，归纳总结后书面上报给部门领导者或者CEO，并不是解决问题的有效措施，这是将问题丢给部门领导者或CEO。事实上，对于大部分问题来说，更好的方式是让下属来提出解决方案，因为他们知道在所处的文化中，怎样做才是有效的，怎样做是行不通的。

换言之，咨询顾问可能会根据任务的内在逻辑，建议每个工作小组或者团队将各自访谈的结果依照相关指导进行确认，并分为以下两类：①团队自己可以解决的问题；②必须反映到上一级领导处获取更多资源和权力才能解决的问题。例如，在外科手术团队中，如果要解决的问题是主刀医生、麻醉师和护士之间的协作问题，就应该由团队自行解决；如果问题涉及手术室的设备不足、需要调亮灯光效果、医务人员工资待遇的平等性，则需要提交到上一层级。

从运营角度看，采用这样的方法就意味着CEO不会看到包括所有问题的报告，也不会先于部门中的人得到任何信息。相反，该部门中的每个小组会先看到和自己相关的问题数据，然后进行分类，之后将需要部门领导者解决的问题提交给他。部门领导者依照同样的流程来确定哪些问题可以自己解决，哪些需要提请到 CEO。此时，CEO 可能无法了解咨询顾问在几周或者几个月内发现的所有问题，但是与此同时，这些问题已经得到解决了，部门整体业绩也得到了提升——CEO 开启了让部门自己想办法的新模式，避免了由于 CEO 先看到报告，劈头盖脸地对部门领导者说"这是你们的问题"的不愉快情形。

随着上述流程的推进，CEO 与部门领导者及员工之间的关系会不断改善，CEO 能够更多地接触团队，创造近距离观察和沟通的机会，会越来越平易近人、和蔼可亲。如此一来，当 CEO 发现存在不当的工作方式或者有"实践漂移"的情况时，能够更好地进行纠正。最关键的是，组织中营造出了一种互助的氛围，为进一步提高整体效率和效益奠定了基础。

不幸的是，我所遇到的很多 CEO 起初都会将上述的帮助行为定义为解决其他人的问题，总想自己先看到访谈材料，做出判断（或者接受咨询顾问的诊断），然后使用自己的权威和权力去解决问题。他们只是聘请咨询顾问来收集信息，意识不到访谈本身会对整个组织产生的巨大干预。他们也没有认识到，在大部分组织中，人们彼此是高度依赖的，只有打造出互相帮助的氛围才能真正提升组织绩效。

总而言之，想要解决问题的领导者，如果能从一开始就充当助人者的角色且乐于接受他人的帮助，就会更容易取得成功。当他们营造了互信的氛围后，反映实际情况的关键信息就会显现出来，同时他们能了解到更多的组织文化和规则。之后，他们便可以将自己转换到专家或医生角色，依据需要进行必要的变革。在执行这些变革时，领导者要再次扮演助人者的角色来确保能够促使员工拥抱变革。

组织变革中的助人者

从助人的角度出发，组织变革是一个非常有意思的话题，因为在大部分的组织变革项目中，人们会遇到所有的帮助形式，包括一对一辅导、团队打造以及组织发展。在这些项目中还会涵盖所有的"客户"类型：日常一起工作的"直接客户"，最终决定项目是否验收和付款的"重要客户"，以及受变革影响最大的"最终客户"。这些项目也说明了，当组织因受外部的技术、政治或经济因素影响而确立了无可争议的目标时，变革该怎样实施。领导者和咨询顾问作为变革的推动者，要致力于转变组织成员的行为方式和态度，而这恰恰是变革的目标。常言道：人不惧怕变化，只是不愿被其他人改变。这句话中蕴含了变革成功的关键点，即要将推动变革的过程转化为提供帮助的过程，将想要改造的群体当作受助者对待。

在本章的前面，我揭示了帮助过程可辅助 CEO 启动变革。现在让我们一起检视一下，当 CEO 因外部压力或者经营指标的需要而必须自上而下推动一项不容置疑的变革时，帮助过程该如何发挥作用。例如，当联合爱迪生公司⊖依据法庭指令要履行更多的环保义务时，其需要员工及时辨别、上报以及消除所有破坏环境的泄漏及其他不良情况。为了执行这一新规，公司第一步要做的事情就是教会员工如何辨别、上报以及消除破坏环境的违规事件。如果员工掌握不了相应的知识和技能，就无法遵守这一规定。起初，员工遵守新规的动力全部来自外在的压力——他们如果不

⊖ 联合爱迪生是美国最大的私人能源公司之一。——译者注

能正确执行，就会被惩罚。但是随着员工得到更多的帮助，应对变得更加得心应手后，他们将这些要求内化，并不断在此领域提出帮助需求。越来越多高效的管理者意识到，让员工服从规定的最好方法就是问讯："要找出和报告这些泄漏，你需要哪些帮助？"要想行之有效，变革推动者就要将不容置疑的目标与帮助大家实现目标的意愿结合起来。

在变革管理的理论中有一个带有强制性的过程——"解冻"，它是指激发变革动力的过程（Schein，1999）。组织要达成的目标和任务要求决定了组织需要建立与之相符的新行为模式。只要组织员工认识到了变革的必要性，产生了内在的激励，接下来的过程就可以视为其在他人的帮助下实现改变的学习过程。这时，员工是受助者，变革的推动者就是助人者。以这种方式思考至关重要，因为它使得变革推动者意识到，让员工转变到新行为模式的最有效方式就是帮助他们做到，这意味着变革推动者从一开始就要认识到，如果不提供必要的引导和培训，员工会因不知道如何转变到新行为模式而产生挫败感。变革推动者必须先与员工建立平等的关系，谦逊地和员工一起探讨遇到了哪些障碍，不愿意放弃旧有模式的原因，可以先采取哪些措施，等等。要想让员工将注意力转移到应该学习什么技能上，变革推动者必须打造一个令他们有安全感的氛围，并以身作则率先示范。

2007 年阿图·葛文德[○]在他研究医学实践的著作中，描述了一所医院推动医生养成勤洗手习惯的案例。起初，医院公布了各种规定和奖励，但收效甚微。于是管理者便问医生："你们为什么不愿意多洗手？"这个谦逊的问讯揭示出很多原因，例如不方便或是浪费太多时间等。于是，院方实施了多种解决方案，像在多个地方安装手部清洗设备，既方便又节省时间，实施效果非常好。这样的做法使医生们得到的是帮助而非被强迫。

组织咨询中的助人者

就像前面案例中提到的，如果咨询顾问不想只做被动的信息收集者，而想要真能帮助 CEO 和组织发展，就要接受"客户"（潜在受助者）这个概念的模糊性和复杂性。即便在日常的一对一工作中，"谁是客户？"这一问题的答案有时也会出现意想不到的转变。我在所经历过的案例中就

○ 印裔美籍外科医生和新闻工作者，作为优化现代医疗保健体系方面的专家而闻名于世。他是《时代周刊》2010 年全球 100 位最具影响力人物榜单中唯一的医生。——译者注

经常发现原本是一个仅仅帮助 CEO 的项目，却会涉及部门负责人或员工访谈、与团队一起分析数据或者聆听整个部门参与的某一次反馈会议。

咨询顾问要遵守的一个概莫能外的准则就是不能忽略相关的各个层级的人员，无论是高一级的还是低一级的。如果"直接客户"是 CEO，那么咨询顾问要与 CEO 就如何让下一级成员一起参与到决策中来达成共识。在咨询顾问和某一级领导者建立了互信关系后，就可以进一步与之商议如何将变革引入下一级。在这个过程中，如果任一级的人员被忽视了，那么他们就会感到置身事外，不了解发生了什么，从而会有意无意地为这项变革设置障碍。

同样地，此逻辑适用于"直接客户"是企业中层管理者的情形。此时，咨询顾问就要和部门负责人协商如何让上下一级或者上下两级的组织成员参与进来，尤其重要的是要让 CEO 了解并认可正在计划采取的行动。如果 CEO 的心态是"我能搞定任何事"的话，在他看来，其下级采取的这种互相帮助的工作方式就可能显得太过温和且缺乏章法。因而，自下而上的事先沟通是至关重要的。我就见过许多非常有前景的咨询项目因为 CEO 在初期没有参与进来而最终被取消。想象一下涉及外科手术室的场景，如果

医院的 CEO 或者科室领导者因为不理解或者误解而不支持
高级别心脏外科手术医生提出的"要花费时间和金钱在院
外大力培训医生与护工"这一想法，就会降低新技术应用
所产生的效用。

最后，咨询顾问必须认识到，归根到底，他服务的客
户是组织中的一个部门甚至是整个组织。为了让每个人都
受益，对任何一个级别的人进行干预时，他都要同时考虑
由此可能会给其他层级的人带来的潜在帮助或者伤害。

总结和结论

当我们的目标是帮助组织时，就会遇到助人过程中的
所有复杂情况。在任何一个特定的时间点，咨询顾问可能
都无法准确地说出此刻谁是他们的客户，但是他们既要确
保组织的上层领导者能够参与进来，也要力图和下面各层
级的领导者都建立互信关系。为了能帮到"直接客户"，需
要涉及哪些相关人员，在大多数情况下并不清晰，但是为
了让下一层级的人更好地参与进来，"直接客户"必须分享
自己的想法。进一步说，如果目标不是由客户来确立而是
由外部力量来设定，咨询顾问则无从下手。当人们反思成

功的变革过程时，总会发现在其中有一个将变革目标变成个人目标的关键阶段。在助力整个组织进行变革的过程中，咨询顾问会在过程咨询师与专家或医生角色间持续切换。随着项目的推进，咨询顾问要通过扮演过程咨询师与遇到的每一个人建立互信关系。当面对已经建立起互信关系的人时，咨询顾问就可以承担更多的专家或医生的职责。其中的陷阱可能就是在遇到新人时，咨询顾问忘记要先扮演过程咨询师的角色。对于咨询顾问来说，他们应该将自己最核心的专业知识（即对组织动态过程的理解）在建立互信关系的阶段充分分享。

领导力的一个重要体现是接受帮助的能力以及为组织中其他成员提供帮助的能力。组织中存在着多种亚文化，领导者要清楚地知道，想改变组织成员的行为就必须先了解这些文化，否则无法推动任何组织变革。在这一点上，他们必须通过接受帮助来理解组织中的文化。领导者也必须认识到，他们是组织中的一员，因而组织的任何变化会不可避免地带来他们自身的变化。从这个意义上说，他们既是变革的发起人，也是变革中的受助者。

领导者要想更好地和他人形成互动就必须懂得，提升组织绩效的最好方式就是营造一个具有互助氛围的组织环境，同时，要在他人的工作中发挥自己的助人能力。尽管把下属看成受助者并要帮助他们成功这样的想法看上去似乎很不合常理，但事实上，这是领导一个组织最有效的方法。定义领导力的一种方式就是：它是一个设定目标并帮助他人（下属）实现目标的完整的过程。

第 9 章
CHAPTER 9

帮助与受助的原则和技巧

助人是一个既常见又复杂的过程。它是一种态度、一套行为方式、一种技能，是社交生活必不可少的要素。它也是我们所说的团队合作的核心，是高效组织的基本组成部分，是领导者最重要的工作，更是组织变革的关键要点。然而，其结果却经常不如人意。作为助人者时，我们经常会觉得他人对我们的好意相助要么置之不理，要么拒之门外。而作为受助者时，我们又经常会觉得自己没有得到想要的帮助，感到他人帮了倒忙，抑或感到他人帮过头了。而最糟糕的情况是，我们往往事后才发觉他人曾经给了我们最好的帮助，这往往会让我们追悔莫及。为了更好地梳理这些复杂性并总结前面章节的洞见，我将在本章进行最后的总结，并提供一些原则和技巧。

做好帮助他人的准备

尽管助人是一个常见的社交过程，但并不是唯一的。我们与他人的关系有很多其他的作用。为了能及时地主动提出、提供和接受帮助，无论手头正忙于何事，我们都应立刻抽身去施以援手或接受帮助。社会教导我们要随时准备帮助他人，当突发事件出现且他人需要帮忙时，能立刻施以援手，至少是在他人需要时可以随时提供帮助。但是，这种因一时冲动而给予帮助或者寻求帮助的行为，其结果可能事与愿违。

我们无法预知陌生人、朋友或者配偶何时会来寻求帮助，可能正赶上我们忙于其他事务，或因其他事情分心，抑或不想帮这个忙。经常会有一些学生或者同事在我办公室外等待几个小时，请求我帮忙指导他们的工作，这时常让我感到被打扰，觉得他们应该自己解决自己的问题；或者因为不知道怎么能帮上忙而感到受胁迫，但又因为尴尬而不想承认这一点；或者我正好有访客，他们的等待让我无法专心。专业的助人者往往不愿意在正式场合外提供帮助，这和医生不愿意在聚会上给朋友提供诊疗建议或心理治疗师拒绝给朋友解梦是一个道理。助人者在忙于应付其他事情时为他人提供指引或者建议往往容易引起混乱。

每个人在不同的时间点上都可能产生不想帮忙的心理，这也就揭示了尽管我们的文化准则要求人们有求必应，但是乐于助人在一定程度上是一种选择，而不是条件反射。当我们想助人时，我们也必须意识到内心可能有反对的声音，有时我们也可以选择袖手旁观。

我在自己的驾驶行为中发现过不想帮忙的典型例子。如果有人在相邻车道打转向灯想并线进我的车道时，我可能有三种选择：①减速让对方并进来；②缩短和前车的距离，避免让对方插队；③假装没有看到对方闪烁的转向灯。当心情比较放松且不赶时间时，我会选择谦让；如果赶时间或者觉得会因此而吃亏，我就会不予理睬。例如，如果我让对方并进来，但是他又要在下一个路口左转，那么我就会担心自己在他后面会被堵住很久。

当我们路遇乞丐或者碰到各种推销员时，同样要做出类似的选择。我可以慷慨解囊，也可以先听他说完再决定是否理睬，或者绕到马路对面避开。这里要着重强调的是，我们在生活中可能随时遇到各类求助，所以我们的确需要选择是否要面对以及是否要施以援手。

做好接受帮助的准备

有时，即使人们并没有发出请求，也会有人主动提供帮助，此时，是否乐意接受帮助也会成为一个问题。如果有人忽然主动提出要帮我忙，我就会很自然地想一下他的初衷是什么，同时还要应对感到处于下风时的感受。我可能在别人主动提出要帮忙时，才会忽然间意识到自己确实需要帮助；抑或我认为自己实际上能应付得了，完全不需要帮忙，别人却觉得我需要，这种感觉更糟。

我们也无法预料其他想帮忙的人什么时候会出乎预料地提供一些建议，或者打断我们正在进行的工作，而我们可能并不想或不能接受这样的帮助。坐在后排座椅上的人不断地指挥司机开车的行为，就是日常经常发生的"不请自来"的帮助。

我举一个"不请自来"的帮助例子：我女儿参加水彩画学习班时，有一次在如何画出一棵树的透视效果时遇到了困难。这时，指导老师过来帮忙，抓过画笔就把主要轮廓线条画了出来，这让我女儿感到愤怒和受伤，因为她本想完全独立画完这幅画的。还有的时候我们会过度帮忙。有一次，我看到球场上有一个指导老师在给学生上网球课，指导老师会纠正学生的每一个击球动作，这反而让学生感到完全不知所措。

做好接受帮助或者提供帮助的准备是指你必须扪心自问，搞清楚在什么条件下你愿意主动提供、给予或接受帮助。这就引出了我们的第一个原则。

原则1：只有当给予者和接受者都做好准备时，帮助才会有效

技巧1-1：在主动提供、给予和接受帮助前检视你自己的情绪和意图。

当你内心并不想要提供帮助，而是把帮助视为一项工作或者在竞争中打败对手的手段时……你就很容易掉进本书前面描述的陷阱中。

技巧1-2：了解你自己提供帮助和接受帮助的意愿。

毋庸置疑，在帮助关系中人们要遵守礼尚往来的文化准则。如果你发觉自己并不想帮助他人或者接受他人帮助的话，就要在最开始避开这样的情境。一旦处在这样的情境中，你就要遵守文化准则。

技巧1-3：当别人拒绝你的帮助时，不要感到被冒犯。

与其感到被冒犯，不如花些时间询问自己是否掉入了本书所讨论的某种陷阱中。也许你没有去确认你想帮助的对象是不是愿意并有能力接受帮助，也许你该去询问一下，而不是主观地认为对方需要帮助。

我清晰地记得有一次野餐，我看见一个三岁小孩端着一个盛满食物的盘子时，刚想伸手帮他就被他的爸爸严厉地阻止："让他自己来，他得学会自己做。"帮助的每一种情境都是不同的，很多时候，帮助不是多余的就是不当的。

原则 2：当帮助关系的双方感到彼此平等时，帮助才能奏效

**　　技巧 2-1：请牢记，需要帮助的人往往会感到不自在，所以要主动询问受助者需要什么样的帮助，怎样的帮助对他们最有利。**

如果你这样做了，受助者就会感到自己对情境有一定的掌控力，因此会更愿意接受帮助。从始至终都要不断确认受助者是否需要帮助，而且要避免因过度关注你自己的意愿（而非受助者的需求）而帮助过度。

**　　技巧 2-2：如果你是受助者，要找到适当的时机给助人者提供反馈，告知他哪些行为非常有帮助，哪些没有。**

请牢记，帮助是一种人际关系，你作为受助者如果能够提供指引和信息，助人者就更能帮上忙。

当一个人寻求帮助的时候，就会有一种处于下风的感觉。当助人者提供了错误的或者过度的帮助时，受助者会有"被贬低"的感受，虽然是很细微的，但会令其觉得不自在。当有人想要帮我做我能做的事情时，我就会认为他居高临下地小瞧了我，我会感到受到了羞辱。当我请求并得到帮助后，对方若还是一味地给我建议也会对我造成困扰。我的一个亲身经历完美地诠释了这一点。作为作者，我会就某一部分的写作内容收集普遍的反馈，收到后消化这些反馈，然后重新调整书稿。有一次，我意外发现有位反馈者在书稿上做了记号，还想要一条一条地给我讲，但他不知道我其实已经领悟到了问题，正准备把他要详细解释的这一部分全部删除。因而当扮演受助者角色时，我要学会在感到对方已经帮不上更多忙的时候给其提供反馈。

原则3：当助人者扮演了恰当的帮助角色时才会产生有效的帮助

技巧3-1：如果没有事先确认，永远不要以为你知道对方究竟需要哪种类型的帮助。

即使是别人主动请求帮助或者你已经很清楚他需要什么，在进入专家或医生角色之前都要与对方确认你所理解的是不是他想要的。我将三种基本类型的助人者角色明确区分开来：①能够提供受助者所需要的专业知识或专业服务的专家；②能够诊断受助者的问题并能提供"诊疗方案"和服务的医生；③能够激发受助者一起探索以确定需要做什么，并与之建立互信关系的过程咨询师，这种角色可以让所有的信息都浮出水面。在帮助情境的早期，无论是有人请你帮忙，还是你觉得他人需要帮助并准备提供，最好的方式都是先扮演过程咨询师的角色。如果没有获得足够的信息，你是不可能确定你的专业知识或者诊断能力是否真的与这个情境的需求相契合的。扮演过程咨询师可能只是几分钟，也可能贯穿整个帮助过程，但要想真能帮上忙，就一定要从这个角色开始。

技巧 3-2：在帮助过程的不同阶段，都要不断地确认你所扮演的角色是否仍然有帮助。

不要以为之前有效的方法会一直有效——情境可能会发生变化，所以你也要相应调整你的角色。在诸如团队合作、照顾患者或者组织变革项目这样比较长期的帮助情境中，专家服务和诊断技能都会被多次用到，这就需要助人者不断地进行角色转换。但是，为了避免帮助过度或者不当，助人者应该随时准备切换回过程咨询师的角色，确保在任何时间点上提供的都是恰如其分的帮助。助人者和受助者都要意识到在某个时间点上适用的帮助，并不一定在另一个时间点上仍然适用，所以双方都要保持高度的灵活性。

技巧 3-3：当你感觉助人者没帮上忙的时候，要敢于给予其真实反馈。

我发现在接受专业助人者或者是热心朋友的帮助时，如果想要他们确实能帮上忙，非常重要的一点就是要适时地打断他们的善意发挥，高效利用这段帮助时间。如果受助者不提醒助人者何时该转换角色，助人者自己根本了解不到。

原则 4：你的每句话、每个举动都是一种干预，会决定帮助关系的未来发展

技巧 4-1：作为助人者时，要从对双方关系的影响角度去衡量你所说的每一句话、所做的每一件事。

沟通不仅仅是交流那么简单。你在每一个情境中的所作所为都是在传递信息，都是一种干预。你可以选择袖手旁观或者假装没有看到求助信息，或者直接避开请求帮助的情境。但是，袖手旁观也是会有后果的——其他人会认为你不是一个乐于助人的人，以后即便是你想提供帮助的时候，也不会有人再来找你帮忙了；如果你所在组织的文化是提倡乐于助人的，你的做法就会被看作违反共识，你会因此受到排挤。

你可以在他人需要帮助的情境中选择不出手，也可以在别人请求帮助时拒绝，这两种反应都会阻碍你们之间人际关系的发展，更严重的则会得罪求助者，使其对你产生负面印象。如果你决定要帮忙并且立刻付之于行动，那么，最起码你展示了自己乐于助人的一面。但是，如果你帮助

过度或者方法不当，就会适得其反，会被当作一个不受欢迎的爱管闲事的人。我在这里想强调的是，无论是做什么或者不做什么，你都是在传递信号、干预情境，因此你要对现实情况保持觉察。除非你是一个隐形人，否则你永远无法在提供帮助时不进行任何交流，因此你应当根据你打算如何干预来选择相应的沟通方式。

技巧 4-2：如果你是受助者，也应当意识到你所做的每件事情都是在传递信息。

你要对自己的行为保持觉察并考虑其对人际关系的影响。你有意识到他人在帮助你吗？对他人的帮助你心存感激了吗？你是在拒绝他人的帮助吗？你实际上是在否定他人的帮助吗？你给予助人者及时的反馈了吗？

技巧 4-3：在给予反馈的时候，你要努力去描述事实，将判断减到最少。

助人者在帮助关系中要不断地维持关系的平等，让受助者感觉自在，这会自然引发两个问题：助人者该给予受助者什么样的反馈？应该在什么时候给予反馈？我们从心理学中了解到，正面强化之所以有效是因为它能指明行为的方向，因此教师／教练都很乐于使用这样的方法。而对于想要消除的行为，使用负面强化方式或者惩罚更容易收到成效。同时，我们从反馈理论中得知，最好的反馈是描述具体事实，让受助者自己进行评估。这些都是行之有效的方式，但是它们解决不了帮助关系中可能出现的一些微妙的问题。

技巧 4-4：尽量减少不恰当的鼓励。

在构建帮助关系时，鼓励（即正面强化）应该是看上去最合适的方式。但是，如果不是小心把握，鼓励有可能很快演变成一种高高在上的评价和羞辱。我的计算机咨询顾问会鼓励我做所有尝试，当他称赞我已经熟练掌握的一些技能时，我发现自己就会感觉很烦——我不过就是敲了下回车键，他也会大声说"太棒了"，这让我内心感到不爽。他的出发点是好的，但是对我在哪些方面需要他的认可不得要领：我其实在一些基础操作方面已经很熟练了，想要得到认可的是那些新掌握的技能。他越是在简单操作上表扬我，我就越难以全力以赴地学习他想让我掌握的新技能。他没有关注到他这种类似生搬硬套的行为所带来的影响，而我也没能适时地打断他，告知他我的感受。

技巧 4-5：尽量减少不恰当的纠正行为。

当助人者明知受助者要采取的行动或者建议是错误的时候该如何处理呢？助人者的难处在于是选择立即指出错

误（会被看成一种惩罚和伤害尊严的行为），还是在稍后的
反思环节里再指出来，或者干脆听之任之。如果是马上就
会产生负面影响的行为，像实习司机要把车开到人行道上
这样的情形，助人者当然要立即制止。但是，像学习使用
计算机和练习网球击球等情形，若受助者错误百出但无伤
大雅，助人者就可以放手让对方去做，不需要每次都纠正。
如果受助者能学会自己发现问题，其自尊感就会提升。我
发现在扮演教练这类角色的时候，询问对方是否需要我帮
他指出问题会很有效。

原则 5：有效的帮助始于单纯式问讯

技巧 5-1：你一定要从某种单纯式问讯开始。

无论帮助请求多么清晰，在做出响应之前应先停下来
反思一下，再决定以何种方式回应。

**技巧 5-2：无论帮助请求听起来多么熟悉，都要把它
视为一个从来没有遇到过的全新的请求**。

做到单纯式问讯是非常困难的，这需要你尽可能多地
超越你基于过去经验的预判、预见、预设以及预期：第三
个问你如何去马萨诸塞大道的人不一定与前两个问这个问
题的人去的是同一个目的地；每次孩子让你帮忙做作业的

原因也不一定一样；医生知道引起头痛的原因是多样的，因此每个患者都要单独诊疗；每一个组织发展咨询顾问都知道客户要求做管理文化评估的原因可以是千差万别的；社会工作者更是深知所有的家庭纠纷都不一样。对以前情境的刻板印象只会增加无法建立互信关系及无法实施帮助的风险。

做到单纯式问讯的核心是一个看似古怪的概念——"发现你的盲区"。如果你只是为了测试一下自己的"先见之明"或者不同的假设而提问，受助者会感知到并顺着你的思路叙述，于是就无法说出他的真实顾虑。为了能发现你的盲区，从而尽可能减少问题的倾向性，你就必须反问自己，什么是你真的不知道的。

单纯式问讯在帮助关系建立初期是至关重要的：它既有助于受助者快速进入状态，又有利于助人者获得最多的相关信息。对助人者而言，建立一段帮助关系的最好方式就是从扮演过程咨询师角色并进行单纯式问讯开始。

原则 6：受助者才是问题的拥有者

技巧 6-1 ：在与受助者建立起互信关系之前，助人者要小心自己对受助者的事情过度关注。

助人者最容易落入的一个陷阱就是问题本身带来的"诱

惑"，尤其是当助人者是处理这类问题的专家时。在这种情况下，助人者想停留在过程咨询师的角色上全神贯注地通过单纯式问讯去发现自己的盲区的难度会更大。

技巧 6-2：助人者要不断提醒自己，无论这个问题与自己所了解的问题有多么类似，它都是别人的问题，不是自己的。

鉴于每个人都生活在独特的社会环境中且具有独特的个性，助人者在面对问题时是不可能真正做到与他人感同身受的——同情心和同理心并不足以让我们可以去对他人说教："我曾经遇到过同样的问题，你应该可以这么做。"助人者要时刻牢记，只有受助者自己才能最终决定什么是最优解。因此，助人者唯一能做的事就是帮助受助者找到解决问题的方法。

为企业提供咨询服务时，毫无疑问，咨询顾问要让客户参与到后续行动方案的制订中。助人者是不可能了解每一种干预会产生的影响的，只有"直接客户"知道其组织中的文化和人事纠纷的内幕，因此必须让其参与到后续计划的决策中。

如果受助者紧逼着你问："既然你经历过类似的情况，那么告诉我该怎么做。"此时最好的应对方式就是把自己的经验作为建议和意见的基础，然后说："我不在你的位置上，只有你才能做出真正的评估，不过我遇到过类似的情况，当时对我有帮助的方法是……"这样做的目的是在提供一些可选方法的同时，不妨碍受助者自己创造性地思考如何解决自己的问题——助人者应该意识到"列出可选方法"与"提供建议"之间的差别。我的导师理查德·贝克哈德就曾经说过："如果客户非要让你给他提供建议，你就要提供至少两个选项，让他必须做出选择。"

原则 7：你永远都不会找到所有答案

随着阅历和经验增长，我越来越不敢贸然断定我知道如何帮助他人。只有当能放慢脚步、聚精会神的时候，我才会意识到受助者遇到的或者由情境引发的问题都是全新的"课题"，而我并未对此做好准备。当我在扮演助人者角色时，很容易会觉得凭借自己的经验可以解决这个问题。于是，我掉进了相信自己是无所不知的陷阱中，忙着找解决方案，自以为这是受助者期望的。然而，几乎在每一个案例中，我都会提供一些无效的帮助。我现在认识到，有时候"分享问题"本身就是正确的选择。

技巧 7-1：分享你在帮助中遇到的问题。

虽然不愿意承认，但是我常常发现当为他人提供咨询服务时，我会突然就不知道接下来该做什么了。每当这种情况出现时，最好的方法就是对我的客户说："我卡在这个点上了，不知道接下来该怎么帮你了。"这就将权力归还给了客户，同时再次表明这是客户的问题，需要他一起解决。分享问题是谦逊的问讯的另一种方式。

在很少的情况下客户会对我这样发作："嘿，博士，我们付钱是为了得到一个方案。"遇到此类情况时，咨询顾问可以列出各种选项，并解释为什么他不确定接下来该采取什么样的行动——实际上，这样做为客户提供了进一步学习的机会，同时提升了咨询顾问的信誉度。

结语

在本书中，我力图将许多不同的交往过程重新梳理成各种不同的"助人行为"，包括建立信任、相互配合、齐心协力、团队合作、领导力发展以及变革管理。在此过程中，我进一步认识到帮助行为是所有社会生活的核心部分，这一点从蚁群、鸟类以及人类身上都可以看到。因此，如果能够使帮助行为变得更加有效，我们生活的方方面面都会受益匪浅。

致谢

    撰写本书时，我将各章节交予很多朋友和同事阅读，他们在不同的阶段为书中提出的概念提供了验证，也提供了不同的想法，这对我非常有帮助。在此我要特别感谢 Otto Scharmer、Lotte Bailyn、John Van Maanen、David Coghlan、Sue Lotz、Mary Jane Kornacki，尤其要感谢 Berrett-Koehler 在阅读草稿的过程中提供了详细且具体的反馈意见。Joan Gallos 和 Michael Arthur 则在阅读完终稿后给予了另一个层面的帮助，让我可以将几个概念进一步清晰化。

    在写作本书的过程中，我的爱妻在和乳腺癌斗争了 25 年后走完了她的人生。她与癌症斗争的最后 6 个月时光，给了我很多关于帮助和照顾的想法。我无比怀念她陪伴我度过的 52 年美好的时光，感谢她为我搭建的居家环境，让我始终能够享受写作的乐趣。

埃德加 · 沙因

剑桥，马萨诸塞州

2008 年 9 月 15 日

参考文献

Blumer, H. 1971. *Symbolic Interactionism*. Englewood Cliffs, N.J.:
Prentice Hall.

Cooley, C. H. 1922. *Human Nature and the Social Order*. New York:
Charles Scribner & Sons.

Edmondson, A. C., R. M. Bohmer, and G. P. Pisano. 2001.
"Disrupted routines: Team learning and new technology
implementation in hospitals." *Administrative Science Quarterly*, 46:
685–716.

Gawande, A. 2007. *Better*. New York: Metropolitan Books.

Goffman, E. 1959. *The Presentation of Self in Everyday Life*. New
York: Doubleday Anchor.

————. 1963. *Behavior in Public Places*. New York: Free Press.

————. 1967. *Interaction Ritual*. New York: Pantheon.

Harris, T. A. 1967. *I'm OK, You're OK*. New York: Avon.

Hughes, E. 1958. *Men and Their Work*. Glencoe, Il.: Free Press.

Mead, G. H. 1934. *Mind, Self and Society*. Ed. Charles W. Morris,
University of Chicago Press.

Potter, S. 1950. *Gamesmanship*. New York: Henry Holt & Co.

————. 1951. *One-upmanship*. New York: Henry Holt & Co.

Schein, E. H. 1969. *Process Consultation*. Reading, Mass.: Addison-
Wesley.

————. 1999. *Process Consultation Revisited*. Englewood Cliffs, N.J.:
Prentice-Hall.

————. 2004. *Organizational Culture and Leadership, 3rd ed*. San
Francisco: Jossey-Bass.

Snook, S. A. 2000. *Friendly Fire*. Princeton, N.J.: Princeton
University Press.

Van Maanen, J. 1979. "The self, the situation and the rules of interpersonal relations" in *Essays in Interpersonal Dynamics,* edited by W. Bennis, J. Van Maanen, E. H. Schein, and F. I. Steele. Homewood, Il.: Dorsey Press.

Yalom, I. 1990. *Love's Executioner.* New York: Harper Perennial.

赞誉

　　帮助是人类的基本相处方式，贯穿人与人的社交过程，隐藏在我们的日常生活之中，但我们对其熟视无睹。在这本书中，沙因教授用简洁清晰的语言分析了有效帮助所需的条件和所涉及的心理因素，提出了求助与助人的原则和技巧，对年轻人构建良好的人际关系是很有帮助的。

彭凯平

清华大学社会科学学院院长

　　人与人之间的信任与互助是文明社会的基础，处理好"帮助"这种特殊的人际关系既需要勇气，也需要智慧。沙因教授为我们揭秘了在一段帮助关系中，"助人者"与"受助者"双方微妙的人际关系和心理动态变化过程。阅读这本书，你会发现有效地帮助他人和寻求他人的帮助是多么神奇而美妙的"双赢"体验。

草芽君

心理学科普平台"京师心理大学堂"编辑

在我们的文化中，助人似乎恒等于美德和善良，然而，我们缺乏对于有效助人和助人的负效应的理解。此书将助人放在了一个专业显微镜下，沙因对之进行了细致入微的剖析，他让我们理解到，"助人"是个体社交的互动的双向过程，涉及权力、自尊等因素。此外，他还指出了求助与助人过程中的种种陷阱。对于那些想从事助人职业（比如心理咨询师）的人，这是本精彩的可助其入门的小书。

韩岩

澳大利亚归国心理学家，督导师

做到恰到好处地帮助他人，其实是一个技术活儿。心理咨询、企业咨询及教练的主要目的就是帮助客户成长或帮助客户解决问题，然而，这些业务是否真的有效帮助了客户，或者能否高效帮助客户，是值得研究的，这也是现实实践中的核心问题。沙因教授对人际帮助问题的分析可谓鞭辟入里，洞隐烛微，给出的解决策略都是金玉良言、锦囊妙计。此书可以帮助我们察觉求助与助人过程中的各类陷阱，明晰助人者的三种角色，找到建立帮助关系的金钥匙。此外，它还能帮助领导者带好团队，帮助团队成员更好合作。

祝卓宏，教授

中国科学院心理研究所国家公务员心理健康应用研究中心主任

　　帮助别人和接受帮助，看似平常，实则不易。沙因教授清澈真实，以种种"帮助"瞬间的有形之困和无形之艰，让我们看到助人者与受助者时刻会面临的人性陷阱。这些陷阱，像一面面镜子，让我们不断地自我反思和自我检讨：我是否已经准备好帮助别人或接受帮助？

揣姝茵
使命咨询创始人，麦肯锡前全球领导力资深专家

　　人的本质是关系，良好的关系是成功和幸福之源！建立良好的关系的关键是"恰到好处的求助、帮助、互助"！我在翻译沙因教授的《谦逊领导力》的过程中再次深刻体会到"关系的四个层级"带给个人、家庭、团队和组织的宝贵价值。

徐中，博士
领导力学者，高管教练，《清晨领导力》作者

　　德鲁克提醒优秀的管理者，要为下属提供"帮助"而非进行"督导"。有实践经验的管理者大都赞同，"帮助"别人可是一件特别有技术含量的事儿。关于"帮助"，沙因教授的研究和贡献是独一无二的。他的建议总是充满智慧的，且实用。

康至军
HR 转型突破中心创始人

面对复杂而多变的世界，每个人都认识到了沟通与合作的重要性。沙因教授的著作不仅教会我们如何"问出好问题"，掌握倾听、思考与表达的"助人艺术"，而且提醒我们作为管理者要博学慎思、明辨笃行。

马加宁

北京世纪鹏信管理咨询有限公司合伙人，通用电气（中国）前副总裁

这是一本充满智慧的著作，所阐述的话题对职场问题和个人生活都至关重要，但这些话题往往被我们忽略，进而影响我们的生活。平心而论，我相信任何人，诸如领导者、教师、咨询师、心理治疗师，都能从阅读本书中受益。

沃伦·本尼斯

领导力之父，组织发展理论先驱

彼得·德鲁克全集

序号	书名	序号	书名
1	工业人的未来The Future of Industrial Man	22 ☆	时代变局中的管理者 The Changing World of the Executive
2	公司的概念Concept of the Corporation	23	最后的完美世界 The Last of All Possible Worlds
3	新社会 The New Society：The Anatomy of Industrial Order	24	行善的诱惑The Temptation to Do Good
4	管理的实践 The Practice of Management	25	创新与企业家精神Innovation and Entrepreneurship
5	已经发生的未来Landmarks of Tomorrow：A Report on the New "Post-Modern" World	26	管理前沿The Frontiers of Management
6	为成果而管理 Managing for Results	27	管理新现实The New Realities
7	卓有成效的管理者The Effective Executive	28	非营利组织的管理 Managing the Non-Profit Organization
8 ☆	不连续的时代The Age of Discontinuity	29	管理未来Managing for the Future
9 ☆	面向未来的管理者 Preparing Tomorrow's Business Leaders Today	30 ☆	生态愿景The Ecological Vision
10 ☆	技术与管理Technology，Management and Society	31 ☆	知识社会Post-Capitalist Society
11 ☆	人与商业Men，Ideas，and Politics	32	巨变时代的管理 Managing in a Time of Great Change
12	管理：使命、责任、实践（实践篇）	33	德鲁克看中国与日本：德鲁克对话"日本商业圣手"中内功 Drucker on Asia
13	管理：使命、责任、实践（使命篇）	34	德鲁克论管理 Peter Drucker on the Profession of Management
14	管理：使命、责任、实践（责任篇）Management: Tasks,Responsibilities,Practices	35	21世纪的管理挑战Management Challenges for the 21st Century
15	养老金革命 The Pension Fund Revolution	36	德鲁克管理思想精要The Essential Drucker
16	人与绩效：德鲁克论管理精华People and Performance	37	下一个社会的管理 Managing in the Next Society
17 ☆	认识管理An Introductory View of Management	38	功能社会：德鲁克自选集A Functioning Society
18	德鲁克经典管理案例解析（纪念版）Management Cases(Revised Edition)	39 ☆	德鲁克演讲实录The Drucker Lectures
19	旁观者：管理大师德鲁克回忆录 Adventures of a Bystander	40	管理(原书修订版） Management (Revised Edition)
20	动荡时代的管理Managing in Turbulent Times	41	卓有成效管理者的实践（纪念版）The Effective Executive in Action
21 ☆	迈向经济新纪元 Toward the Next Economics and Other Essays	注：序号有标记的书是新增引进翻译出版的作品	

沙因谦逊领导力丛书

清华大学经济管理学院领导力研究中心主任
杨斌 教授 诚意推荐

合作的伙伴、熟络的客户、亲密的伴侣、饱含爱意的亲子
为什么在一次次的互动中，走向抵触、憎恨甚至逃离？

推荐给老师、顾问、教练、领导、父亲、母亲等
想要给予指导，有长远影响力的人
沙因 60 年工作心得——谦逊的魅力

埃德加·沙因（Edgar H. Schein）

世界百位影响力管理大师之一，企业文化与组织心理学领域开创者和奠基人
美国麻省理工斯隆管理学院终身荣誉教授
芝加哥大学教育学学士，斯坦福大学心理学硕士，哈佛大学社会心理学博士

1《恰到好处的帮助》

讲述了提供有效指导所需的条件和心理因素，指导的原则和技巧。老师、顾问、教练、领导、父亲、母亲等想要给予指导，有长远影响力的人，"帮助"之道的必修课。

2《谦逊的问讯》（原书第2版）

谦逊不是故作姿态的低调，也不是策略性的示弱，重新审视自己在工作和家庭关系中的日常说话方式，学会以询问开启良好关系。

3《谦逊的咨询》

咨询师必读，沙因从业50年的咨询经历，如何从实习生成长为咨询大师，运用谦逊的魅力，帮助管理者和组织获得成长。

4《谦逊领导力》（原书第2版）

从人际关系的角度看待领导力，把关系划分为四个层级，你可以诊断自己和对方的关系应该处于哪个层级，并采取合理的沟通策略，在组织中建立共享、开放、信任的关系，有效提高领导力。